Materialien zur Persönlichen Zukunftsplanung

Inhaltsverzeichnis

Materialien zur Persönlichen Zukunftsplanung
Inhaltsverzeichnis

Persönliche Zukunftsplanung[1]

Einleitung

Die *Persönliche Zukunftsplanung* ist ein Planungsinstrument, bei dem man sich auf die Fähigkeiten und Stärken einer Person konzentriert, um letztendlich eine Vorstellung einer wünschenswerten Zukunft zu entwickeln. Die *Persönliche Zukunftsplanung* ist viel mehr, als die Entwicklung eines schriftlichen Zukunftsplanes; es ist ein andauernder Prozess, bei dem nach Problemlösungen gesucht wird. Alle ins Auge gefassten Veränderungen werden von einer kleinen Gruppe von Personen initiiert. Sie treffen sich über einen längeren Zeitraum hinweg freiwillig, um sich gegenseitig zu unterstützen, gemeinsam Probleme zu bewältigen und Handlungsstrategien zu entwickeln. Dieser Kreis von Unterstützerinnen[2] („circle of support") verpflichtete sich dazu, selbst aktiv zu werden, um sicherzustellen, dass sich im Leben der Person, für die die Zukunftsplanung gemacht wird, auch tatsächlich Dinge verändern.

Die Idee der *Persönlichen Zukunftsplanung* unterscheidet sich grundlegend von den sonst üblichen Förderplanungen und Hilfeplänen im sozialen Bereich. Traditionelle Planungssitzungen konzentrieren sich gewöhnlich auf die Defizite und Probleme einer Person. Die Teamsitzungen finden allzu oft nur dann statt, wenn eine Krisensituation bereits besteht, sich eine Krisensituation abzeichnet, oder aber weil es bereits zu einer Krise gekommen ist und der schon entstandene „Schaden" besprochen werden muss. Manchmal treffen sich die Teams auch zu einer dieser Sitzungen, weil eine außenstehende Instanz entschieden hat, dass es Zeit für ein Planungstreffen ist oder weil bestimmte Vorschriften ein solches Treffen vorsehen. Die Mitglieder solcher Teams treffen sich nur selten, weil sie es wirklich wollen. In der Regel nehmen sie an den Sitzungen teil, weil es von ihnen erwartet wird. Ganz unabhängig davon, wer bei den Sitzungen dabei ist, oder weshalb die Sitzungen nötig sind, sie werden normalerweise nicht als positiv, aufregend oder spannend beschrieben.

Die *Persönliche Zukunftsplanung* dagegen ist ein Prozess, der sich an den Stärken der Hauptperson[3] orientiert, statt sich auf deren Defizite zu konzentrieren. Personen, die an dieser Art von Planungstreffen teilgenommen haben, beschreiben sie nicht nur als unterhaltsam („Spaß"), sondern auch als eine sie persönlich stärkende („empowering") und lebensverändernde Erfahrung. Die Teilnehmerinnen *Persönlicher Zukunftsplanungen* treffen sich, um die Talente und Interessen einer Person zu entdecken und dann eine, von allen geteilte, Vorstellung einer Zukunft zu entwickeln.

---

[1] Der Artikel stammt von Jane Wells, Creative Community Options, 4209 Oakmede Lane, White Bear Lake, MN 55110, USA. Für ihre Zusammenfassung hat sie u.a. diese Quellen genutzt: It's Never Too Early, It's Never Too Late (Mount and Zwernik), Framework for Accomplishment (O'Brien and Lyle O'Brien), und unveröffentlichtes Material von B. Mount und C. Lyle O'Brien. Übersetzung: S. Göbel

[2] Bis auf wenige Ausnahmen benutzte ich in diesem Text die weibliche Form (z.B. Unterstützerinnen, Moderatorin, Mitarbeiterinnen, sie ...). Diese Formen gelten gleichberechtigt für Frauen und Männer, also auch für Unterstützter, Moderatoren, Mitarbeiter.

[3] Im Folgenden wird die Person, die im Mittelpunkt der Persönlichen Zukunftsplanung steht und die für sich plant, als Hauptperson bezeichnet.

Die Teilnahme an den Planungstreffen ist freiwillig. Die Idee der *Persönlichen Zukunftsplanung* hat kaum eine Chance erfolgreich zu sein, wenn die Treffen verordnet werden und die Gruppenteilnehmerinnen keinen persönlichen Anteil und kein Interesse am Ergebnis haben.

Die *Persönliche Zukunftsplanung* ist ein Planungsprozess, der auf dem Prinzip der Mitsprache und Mitwirkung („inclusion“) aller aufbaut. Es wird besonderer Wert darauf gelegt, dass die Hauptperson, auf deren Leben man sich konzentriert, im Mittelpunkt der Planung steht. Der Planungsprozess wird von einer ausgebildeten Moderatorin begleitet. Sie stellt sicher, dass jede Teilnehmerin die gleiche Chance bekommt, inhaltlich etwas beizusteuern. Alle Teilnehmerinnen sind gleichberechtigt; der Beitrag jeder Person wird be- und geachtet und ist ein wichtiger Bestandteil des gesamten Prozesses. Da sich die Planung mehr auf das Entdecken von Neuem als auf vorhandenes Material und niedergeschriebene Informationen konzentriert, müssen die Teilnehmerinnen keine Akten (z.B. Fallberichte, jährliche Berichte, die niedergeschriebene Familiengeschichte oder monatliche Beobachtungsberichte) zu den Treffen mitbringen.

Obwohl die *Persönliche Zukunftsplanung* vor allem im Zusammenhang mit Menschen mit „entwicklungsbedingten Behinderungen“ („developmental disabilities“[4]) diskutiert wird, kann dieses Planungsinstrument für jede Person nützlich sein, die an Veränderungen interessiert ist. Die Idee der *Persönlichen Zukunftsplanung* kann von allen genutzt werden, egal wie alt man oder in welcher Lebenssituation man sich befindet. Die *Persönliche Zukunftsplanung* kann für sehr kleine Kinder und deren Familien genauso hilfreich sein, wie für ältere Menschen, denen eine größere Lebensveränderung bevorsteht, da sie vielleicht persönliche Assistenz oder Unterstützung im täglichen Leben brauchen.

Die Entwicklung eines „Persönlichen Profils“

Der erste Schritt einer Zukunftsplanung besteht darin, ein „Persönliches Profil“ zu erstellen. Dazu wird ein Gruppeninterview durchgeführt. Dieser Schritt wird manchmal auch als die Suche nach Fähigkeiten bezeichnet. Die Teilnehmerinnen der Gruppe sind: die Person, auf deren Leben man sich konzentriert (die „Hauptperson“), ein paar wenige andere Personen, die der Hauptperson nahe stehen und sie gut kennen, und die Moderatorin. Es ist wichtig, dass die Menschen, die tagtäglich die meiste Zeit mit der Hauptperson verbringen, an dem Gruppeninterview teilnehmen: das Profil entwickelt sich vor allem aus dem, was die vertrauten Personen über die Hauptperson wissen. Die Moderatorin ist eine neutrale, vorurteilsfreie Person, die in den Techniken der *Persönlichen Zukunftsplanung* ausgebildet ist. Die Rolle der Moderatorin ist es, die Gruppe durch den Prozess hindurch zu begleiten und sicherzustellen, dass jede

[4] Diese Bezeichnung stammt aus dem US-Amerikanischen. Der Begriff wird für Kinder und Erwachsene benutzt, die a) vor ihrem 22. Lebensjahr chronisch körperlich oder geistig behindert sind bzw. wurden und b) in mindestens 3 der folgenden Bereiche bedeutend eingeschränkt werden: Kommunikation, die Fähigkeit selbständig zu leben, ökonomische Unabhängigkeit, Lernen, Körperpflege und/oder eigenständige Lebensführung. In der Regel werden Personen mit Cerebralparese, Epilepsie,

Teilnehmerin gleichermaßen die Chance hat, aktiv an dem Treffen teilzunehmen. Außerdem ist es ihre Aufgabe, in Konfliktsituationen zu vermitteln, wenn dies nötig ist, und als Protokollantin der Planung alles Gesagte und Getane genau festzuhalten. Das Persönliche Profil setzt sich aus drei Arten von Informationen zusammen: allgemeine Informationen über die persönlichen Erfahrungen der Hauptperson, Informationen über die Lebensqualität der Person und Informationen über ihre Vorlieben.

Die allgemeinen Informationen über die Erfahrungen der Hauptperson gleichen einer „Erzählung" über die Person. Sie soll aber keine detaillierte Chronologie von Ereignissen sein. Die Erzählung beinhaltet Informationen über den persönlichen Werdegang der Hauptperson, einschließlich positiver und negativer Erlebnisse. Die Lebensgeschichte der Person sollte jedoch auch so wichtige Eckdaten wie größere Umzüge oder Veränderungen des Lebensstils, wichtige Familienbegebenheiten, allgemeine Informationen über den gesundheitlichen Zustand, ethnische und gesellschaftliche Bindungen, sowie aktuelle Entwicklungen, die die unmittelbare Zukunft der Hauptperson betreffen, beinhalten. Aber, es ist weder wichtig noch erstrebenswert, die komplette Familiengeschichte zu erzählen. Noch ist es notwendig, jede Ärztin oder Angehörige eines medizinischen Berufes, die je mit der Hauptperson zu tun hatte, aufzulisten. Die Zukunftsplanung konzentriert sich darauf, Erfahrungsmuster herauszufinden, die den Gruppenteilnehmerinnen dabei helfen können, die Hauptperson einmal von „einer anderen Seite" kennen zu lernen.

Die zweite Art von Informationen eines Persönlichen Profils beschreibt die Lebensqualität der Hauptperson. Da es einigen Leuten manchmal unangenehm ist, subjektive Feststellungen über Lebensqualität zu machen, bietet die *Persönliche Zukunftsplanung* eine Struktur, um Informationen zu diesem Punkt zu sammeln. Die Gruppe berücksichtigt dabei besonders fünf Bereiche von Grundbedürfnissen. Diese fünf Bereiche basieren auf dem von John O'Brien und Connie Lyle O'Brien entwickelten "Grundgerüst der Fähigkeiten" („Framework for Accomplishments"). Die Moderatorin dokumentiert für jede der fünf Grundbedürfnisse die Informationen der Gruppe in Form eines Schaubildes oder einer „Landkarte" („map"). So können Muster und Beziehungen untereinander aufgezeigt werden. Die Gruppe wiederum überlegt sich für jede der fünf Fähigkeiten eine Reihe von Fragen.

- ***Die Teilnahme am gesellschaftlichen Leben:*** Welche Personen sind für die Hauptperson am wichtigsten? Wie oft hat die Hauptperson Kontakt zu diesen Personen? Mit wem verbringt sie sonst noch regelmäßig Zeit? Wie viele der Personen, die auf der „Beziehungskarte" genannt werden, sind auch Personen mit Behinderungen? Wie viele Profis sind dabei, die dafür bezahlt werden, mit der Hauptperson Kontakt zu haben? Wer sind ihre Freundinnen und Verbündeten?
- ***Die Anwesenheit in der Gemeinde, der Nachbarschaft, dem Stadtteil:*** Wo verbringt die Hauptperson ihre Zeit? Welche regionalen Einrichtungen nutzt die Person regelmäßig? Geht sie dort alleine hin, zusammen mit einer Gruppe von Menschen mit Behinderung, oder mit Familienmitgliedern und Freundinnen?

---

autistischen Zügen und so genannter geistiger Behinderung in der Gruppe der Menschen mit „developmental disabilities" definitorisch zusammengefasst.

- ***Die Unterstützung von Wahlmöglichkeiten:*** Welche Entscheidungen trifft die Hauptperson selbstbestimmt? Welche Entscheidungen werden für sie getroffen?
- ***Ermutigung zur Wahrnehmung gesellschaftlicher Rollen:*** Welche gesellschaftlich akzeptierten Rollen hat die Person inne? Legt sie irgendwelche Verhaltensweisen an den Tag, die bereits vorhandene Stereotypen über Menschen mit Behinderungen verstärken? Welche Charaktereigenschaften der Person tragen zu einem positiven Bild von ihr bei?
- ***Förderung von Mitwirkungsmöglichkeiten:*** Welche Fertigkeiten hat die Person? Welche dieser Fertigkeiten werden von anderen geschätzt? Was gibt die Person anderen zurück? Was gibt sie der Gemeinschaft zurück?

Die dritte Art von Informationen, die während des ersten Treffens gesammelt werden, beinhaltet u.a. eine Liste persönlicher Vorlieben. Eine Möglichkeit über Vorlieben nachzudenken, ist es zu fragen, welche Dinge die Person am liebsten macht. Die Gruppe überlegt sich dabei eine Reihe von Aktivitäten und Situationen, die am ehesten „funktionieren", bzw. Situationen, an denen die Hauptperson teilnimmt und motiviert ist, daran teilzunehmen. Die Gruppe listet auch Dinge auf, die „nicht funktionieren", bzw. Bedingungen und Situationen, die zu Langeweile, Frustration und Verzweiflung bei der Hauptperson führen. Die Diskussion über Vorlieben sollte spezielle Interessen genauso beinhalten, wie die bisher unerkannten Hoffnungen und Träume, die die Hauptperson für die eigene Zukunft hat.

Das Planen der eigenen Zukunft

Erst nachdem das Persönliche Profil während des ersten Treffens vollständig zusammengetragen wurde, findet das eigentliche Treffen für die Zukunftsplanung statt. Normalerweise geschieht dies innerhalb weniger Tage oder während der nächsten Woche nach dem ersten Treffen. Die wichtigsten Personen aus dem Leben der Hauptperson sollten an dem Planungstreffen teilnehmen. Zu den „wichtigsten Personen" zählen normalerweise nahe Freundinnen, Mitarbeiterinnen der Einrichtung, Familienmitglieder und andere Personen, die bereit sind, sich für die Hauptperson zu engagieren und für sie und mit ihr zusammen aktiv zu werden.

Folgende sieben Schritte gehören dazu, um einen Zukunftsplan zu entwickeln:

- ***Das Persönliche Profil wird überarbeitet.*** Während die Moderatorin das Profil bespricht, hat die Gruppe die Möglichkeit, ergänzende Kommentare und Beobachtungen einzubringen.
- ***Entwicklungen in der Umwelt werden besprochen.*** Zu den Entwicklungen in der Umwelt zählen all jene, ständig vorkommenden Dinge, die wahrscheinlich einen Einfluss auf die Hauptperson haben - sowohl im positiven als auch im negativen Sinne. Diese Dinge können direkt etwas mit der Person zu tun haben oder aber ein Teil des weiteren Umfeldes sein.
- ***Erstrebenswerte Vorstellungen für die Zukunft sollen gefunden werden.*** Die Gruppe beginnt damit, ihre Ideen für die Zukunft der Hauptperson mit ihr auszutauschen. In einer Art „Brainstorming" entwirft die Gruppe ihre Vorstellungen von der Zukunft der Hauptperson. Dabei geht es um die Themen Wohnen, Arbeit, Freundschaften und Möglichkeiten der Freizeitgestaltung und Erholung. Es ist

sehr wichtig, dass die Gruppe dazu ermuntert wird, kreativ und phantasievoll zu denken und ihre Gedanken nicht auf das zu beschränken, was sie sowieso schon weiß. Ideen werden solange ausgetauscht, bis eine konkrete Vorstellung entsteht und die Gruppe sich über die praktische Durchführbarkeit der Zukunftsvision einig ist.

- ***Hindernisse und Chancen bei der Umsetzung müssen identifiziert werden.*** Während die Gruppe Vorstellungen von der Zukunft entwirft, ordnet die Moderatorin diese Ideen bestimmten übergeordneten Themenbereichen zu. In der Regel gibt es ein bis drei solcher übergeordneten Themenbereiche, die mit den Lebensbereichen Wohnen, Arbeit oder Schule, dem gesellschaftliches Leben und Beziehungen zu tun haben. Die Gruppe beschließt gemeinsam, welches der wichtigste Lebensbereich ist, an dem weiter gearbeitet werden soll. Dabei werden sowohl Hindernisse als auch Chancen der Umsetzung in die Realität identifiziert.
- ***Strategien müssen entwickelt werden.*** Um die Zukunftsvision in die Realität umzusetzen, ist Handeln gefragt. Dafür werden einzelne Handlungsschritte entwickelt. Diese Schritte müssen sowohl genau definiert als auch konkret fassbar sein. Die Teilnehmerinnen der Gruppe sollten jeden Schritt als etwas wahrnehmen, das in einem kürzeren Zeitraum zu verwirklichen ist. So globale Feststellungen wie z.B. „alternative Lebensformen / Wohnformen herauszufinden" werden höchstwahrscheinlich nur wenig befriedigende Ergebnisse produzieren. Dagegen sind solche Schritte wie z.B. „Mary Beth Peterson kontaktieren und einen Termin ausmachen, um ihre Einrichtung anzusehen und mehr darüber zu erfahren, wie Leute dort unterstützt werden" konkret, genau definiert und haben eine größere Chance, in die Tat umgesetzt zu werden.
- ***Und dann muss angefangen werden.*** Die Gruppe identifiziert bis zu fünf Dinge, die in die Tat umgesetzt werden und verpflichtet sich, das innerhalb eines abgesteckten, möglichst kurzfristigen Zeitraums zu tun. Es ist sehr wichtig, diese fünf Vorhaben so zu wählen, dass sie in relativ kurzer Zeit umgesetzt werden können, damit sich die Gruppe bald wieder treffen kann, um weiterzuarbeiten.
  Bevor das Treffen zu Ende ist, verpflichten sich einzelne Teilnehmerinnen freiwillig dazu, einen oder zwei bestimmte Vorhaben in die Tat umzusetzen. Gleichzeitig wird beschlossen, wann sich die Gruppe wieder trifft. Denn nur, wenn sich wenigstens einige der Gruppenteilnehmerinnen von sich aus dazu verpflichten, sich über einen längeren Zeitraum hinweg zu treffen, besteht die Chance, dass es zu positiven Veränderungen kommt.
- ***Die Notwendigkeit, das „System" zu verändern, muss erkannt werden.*** Wenn man sich auf die Gaben und Fähigkeiten einer Person konzentriert, führt das oft zu einem neuen Verständnis über die Begrenztheit der heute existierenden sozialen Dienste. Sobald die Gruppenteilnehmerinnen das Gefühl haben, dass der Plan nicht in die Tat umgesetzt werden kann, weil es Probleme mit dem System, den formellen Kontakten, gibt, verringert sich auch die Chance, dass es zu positiven Veränderungen für die Hauptperson kommen wird. Bei dem Gedanken, sich mit den formellen Gegebenheiten auseinandersetzen zu müssen, ist die Tendenz groß, in Ehrfurcht zu erstarren. Um dieser möglichen Erstarrung zu entgehen, beendet die Gruppe das persönliche Zukunftstreffen damit, eine Liste formeller Hindernisse aufzustellen. In den folgenden Treffen können die Gruppenteilnehmerinnen damit beginnen, Strategien zu entwickeln, wie formell bedingte, einschränkende Strukturen verändert werden können.

Der vielleicht wichtigste Teil der *Persönlichen Zukunftsplanung* kommt jedoch erst, nachdem der Plan entwickelt wurde. Wirkliche Veränderungen passieren vor allem. weil Menschen, denen jemand am Herzen liegt, dazu bereit sind, sich mit ihrer Zeit und Energie einzubringen. Dieses persönliche Unterstützungsnetzwerk kann eine Gruppe von Freundinnen, Nachbarinnen, Familienmitgliedern und anderen Menschen sein, denen die Hauptperson wichtig ist. Falls diese Personen in ihrer Gemeinde, Nachbarschaft oder Stadtteil fest verwurzelt sind, so nennt man diese Gruppe „Unterstützerinnenkreis" („circle of support"). Falls es sich bei den Personen, die sich freiwillig für die Hauptperson engagieren, vor allem um Sozialarbeiterinnen und andere Professionelle handelt, spricht man bei diesen Gruppen im Allgemeinen von „personenbezogenen Teams". Unabhängig davon, aus welchen Personen sich die Gruppe zusammensetzt, das Unterstützungsnetzwerk ist ein Schlüsselelement, um die Zukunftsvision in die Tat umzusetzen.

Wie man die Chancen auf Erfolg erhöhen kann

Leute mit viel Erfahrung mit *Persönlicher Zukunftsplanung* haben sich die Zeit genommen, über die erfolgreichsten Planungssituationen nachzudenken, und um daraus dann Gemeinsamkeiten herauszukristallisieren. Aus ihrer Sicht gibt es eine Reihe von Faktoren, die dazu beitragen, dass positive Veränderungen wahrscheinlich werden. Diese Bedingungen sollte man jedoch nicht als „Vorbedingungen" verstehen, um überhaupt eine *Persönliche Zukunftsplanung* in Gang zu bringen. Vielmehr sind ihre Beobachtungen nützlich, um zu überlegen, inwieweit die *Persönliche Zukunftsplanung* überhaupt ein Prozess ist, in den Leute investieren wollen.

Folgende Faktoren erscheinen ihnen dabei wichtig[5]:

- ***Der Wunsch nach Veränderung(en).*** Die Hauptperson, oder jemand, dem die Hauptperson wichtig ist, möchte, dass sich etwas verändert. Es gibt ein klares Interesse, zusammenzuarbeiten und sich zu engagieren.
- ***Eine positive Sicht auf persönliche Fähigkeiten.*** Die Gruppe ist in der Lage, die Hauptperson anders zu sehen und zu verstehen; die Gruppenteilnehmerinnen können ihre eigenen Fähigkeiten als Individuen erkennen und nutzen.
- ***Der Glaube an ein bereicherndes Zusammenleben im Gemeinwesen.*** Je mehr Details der zu entwickelnden Zukunftsvision mit dem Gemeinwesen zu tun haben, desto größer ist die Chance für Veränderungen. Haben die Zukunftsvorstellungen aber vor allem mit formellen Gegebenheiten, z.B. neuen, mehr oder besseren sozialen Diensten, stärkerer Interessenvertretung, oder der rechtlichen Herausforderung des Status Quo zu tun, umso unwahrscheinlicher ist es, dass die Vorstellungen der Hauptperson Realität werden.
- ***Der Kreis der Unterstützerinnen.*** Der Kreis der Unterstützerinnen besteht aus Personen, denen die Hauptperson wichtig ist und die ihre Zeit freiwillig zur Verfügung stellen. Je unterschiedlicher die Teilnehmerinnen sind, desto mehr Stärke besitzt die Gruppe. Unterstützerinnenkreise, die vor allem aus

---

[5] Diese Liste stammt aus Beth Mounts Artikel "Benefits and Limitations of Personal Future Planning", erschienen in Creating Individual Support for People with Developmental Disabilities. A Mandate for Change at Many Levels, Bradley, Ashbaugh & Blaney (Hrsg.), 1994, S. 97-108.

Professionellen bestehen, haben eine geringere Chance, innerhalb der Nachbarschaftsnetzwerke aktiv und wirksam zu sein.

- ***Eine ausgebildete Moderatorin.*** Sobald der anfängliche Plan einmal entwickelt wurde, besteht die Hauptaufgabe der Moderatorin darin, an allen weiteren Treffen teilzunehmen und weitere Personen dazu einzuladen.
- ***Eine engagierte und mit der Hauptperson eng verbundene Mitstreiterin.*** Sie ist nicht dasselbe wie eine Interessenvertreterin. Eine engagierte Mitstreiterin hat eine sehr persönliche Beziehung zur Hauptperson, die über das Informieren über Gesetze, Regeln und ein soziales Gewissen hinausgeht. Interessenvertreterinnen verlassen „die Szene“ unter Umständen sobald ein Problem gelöst wurde. Eine engagierte Schrittmacherin ist jedoch auf lange Sicht für die Hauptperson da.
- ***Eine mit der Region eng verbundene Person.*** Diese Teilnehmerin des Unterstützerinnenkreises ist mit den regionalen Strukturen vertraut und teilt ihr Wissen über die Gemeindestrukturen und Gemeindekultur mit der Gruppe. Von dieser „Gemeindeexpertin“ wird jedoch nicht erwartet, alle Verbindungen zum Gemeinwesen zu knüpfen. Aber sie kann dabei helfen, herauszubekommen, wer wichtige Ansprechpartnerinnen innerhalb des Gemeinwesens sind.
- ***Eine Verbindung zur weiteren Region.*** Gruppenteilnehmerinnen, die selbst in regionalen Organisationen, Vereinen, Gruppen oder Initiativen aktiv sind, können wichtige Kontakte zu Ressourcen herstellen, die sonst oft übersehen werden,. Zu oft wenden wir unseren Blick ausschließlich auf formelle Lösungsmöglichkeiten, wenn es um die Befriedigung von Bedürfnissen einer Person geht.
- ***Eine Einrichtung, die sich für Veränderungen engagiert und dafür offen ist.*** Nur wenn sich mindestens eine Einrichtung, die in irgendeiner Art und Weise mit der Hauptperson verbunden ist, dafür engagiert, Fragen einmal aus einem anderen Blickwinkel zu betrachten, besteht die Chance für tatsächliche Veränderungen.
- ***Der Einfluss auf Verantwortliche.*** Teilnehmerinnen des Unterstützungskreises, die direkten Kontakt zu Personen in verantwortlichen Positionen haben, können diese Kontakte dazu nutzen, persönlich Kontakt aufzunehmen, um so die Chancen für bedeutende Veränderungen zu erhöhen.
- ***Flexible Ressourcen für die persönliche Unterstützung (Assistenz).*** Es geschehen spannende Dinge für Personen, wenn ein wenig Zeit und Geld zur Verfügung gestellt wird, um kreative Ideen zu verwirklichen und ganz bestimmte und festgelegte Bedürfnisse einer Person zu befriedigen.

Fragen zu Umsetzung

In unserer Arbeit mit *Persönlicher Zukunftsplanung* haben wir diese Dingen gelernt.

- Teilnehmerinnen haben immer wieder berichtet, dass der Planungsprozess für sie persönlich eine stärkende Erfahrung („empowering") war. Da der Prozess von einer neutralen, ausgebildeten Moderatorin angeleitet wird, berichteten die Teilnehmerinnen, dass sie wirklich das Gefühl hatten, jemand hörte ihnen zu und dass das, was sie zu sagen hatten, auch zählte.
- Außerdem gibt dieser Planungsprozess Leuten die Möglichkeit, komplexere Zusammenhänge in einer unbedrohlichen Atmosphäre zu erforschen. Die

Gegenwart einer „Dritten", in der Person der Moderatorin, hilft dabei, bereits existierende Machtkämpfe zu überwinden.

- Da die *Persönliche Zukunftsplanung* sich darauf konzentriert, neue Dinge zu entdecken, ist das Wissen der gesamten Gruppe besonders gefragt. Eine Person alleine kann nie alles über eine andere Person wissen, was es zu wissen gibt. Deshalb sind die Beiträge jeder einzelnen Teilnehmerin so wichtig.
- Die Wandzeitung, Symbole und Farben, die den Denkprozess der Gruppe graphisch veranschaulichen, sind eine ausgezeichnete Veranschaulichung des Prozesses. Personen, von denen sonst angenommen wird, dass sie kein ganzes Treffen durchhalten können, nehmen aktiv an den Treffen teil und sind fasziniert davon, die Moderatorin dabei zu beobachten, wie sie mit Markern auf Papier schreibt, das an der Wand hängt.
- Es gibt eine Reihe von Komponenten des Zukunftsplanungsprozesses, die inhaltlich an individuelle Rehabilitationspläne oder andere vorgeschriebene schriftliche Pläne erinnern.
- Die *Persönliche Zukunftsplanung* ist ein Planungsprozess, der die Teilnehmerinnen dazu ermuntert, kreativ zu denken, der sich dafür eignet, sehr flexibel zu sein und der sich leicht an die Bedürfnisse einer Reihe von Situationen anpassen lässt.
- Die *Persönliche Zukunftsplanung* kann man dem bestehenden System nicht ohne weiteres aufzwingen, ohne zwangsläufig Schiffbruch zu erleiden. Der Erfolg des Prozesses hängt vor allem vom freiwilligen Engagement der Teilnehmerinnen ab. Die *Persönliche Zukunftsplanung* ist kein Allheilmittel.

Wegen der „Benutzerfreundlichkeit" der *Persönlichen Zukunftsplanung* besteht die Versuchung, nur die Teile des Planungsprozesses zu benutzen, die einen am meisten ansprechen, oder aber das Format so zu verändern, dass es zu einer bestimmten Situation passt. Aber die Chance von positiven, langfristigen Ergebnissen hängt von einer Reihe von Faktoren ab. Jene, die schon seit längerer Zeit mit der *Persönlichen Zukunftsplanung* arbeiten, haben erkannt, dass der Prozess „mehr ist als nur die Summe seiner Teile." Die Stärke dieses Planungsprozesses hängt direkt mit seinen Wurzeln in der Suche nach Fähigkeiten zusammen, seinem ganzheitlichen Herangehen an die Lebensplanung und der Energie, die von dem ständig bestehenden Unterstützerinnenkreis entwickelt wird. Zerlegt man den Prozess in seine Einzelteile und benutzt nur das, was gerade zu einer speziellen Situation passt, verringert sich die Effektivität der *Persönlichen Zukunftsplanung.*

Die *Persönliche Zukunftsplanung* ist zunächst und vor allem ein ständiger Problemlösungsprozess. Sie ist kein Gutachten. Sie ist nicht die Grundlage dafür, wiederum eine Fülle von Formularen auszufüllen. Sie kann nicht durch bürokratische Anforderungen erfolgreich verordnet werden. Dieser Planungsprozess wird von Zeit zu Zeit mit den herkömmlichen Herangehensweisen in Konflikt geraten. Er wird Leute herausfordern, anders über die Bedürfnisse von Menschen mit Behinderung nachzudenken und darüber, wie das System auf sie reagiert. Dieser Planungsprozess braucht seine Zeit und Energie und die Bereitschaft, die „extra Meile" zu gehen. Er kann neue Türen zu neuen Möglichkeiten eröffnen. Und für manche Personen kann er den entscheidenden Unterschied für ihre Leben bedeuten.

Denkanstöße zur Persönlichen Zukunftsplanung

- Alle Menschen haben ein Recht auf ein normales, typisches Leben.
- Jeder Mensch hat das Recht zu wählen, wo er leben und arbeiten möchte.
- Ressourcen in der Gemeinschaft sind für alle verfügbar.
- Alle Menschen haben Gaben, Fähigkeiten, Talente und können etwas zur Gemeinschaft beitragen.
- Entwicklung ist lebenslang.
- Wachstum ist begleitet vom Risiko: Wer nicht wagt, der nicht gewinnt.
- Jede Person sollte, soweit wie möglich, ihr Leben selbst bestimmen und ihre eigenen Entscheidungen treffen können.
- Menschen sind die besten Profis für ihre eigenen Bedürfnisse.
- Jeder profitiert von ganzheitlichen und qualitativ guten Unterstützungsangeboten, die flexibel genug sind, sich der Lebenssituation der Menschen und ihrer Bedürfnisse im Wandel anzupassen.
- Die effektivsten Unterstützungspersonen sehen sich selbst als Mentoren, Moderatoren.
- Direkte, selbstbestimmte Kommunikation ist ein klarer Weg für Menschen, sich selbst auszudrücken und Kontrolle über ihr Leben zu haben.
- Selbständigkeit heißt nicht, Dinge alleine zu tun. Leben bedeutet wechselseitige Abhängigkeit, Gemeinschaft, Beziehungen und Verbundenheit.
- Jede Person verdient jemanden, der an sie glaubt, ihre Träume ernst nimmt und sich für sie einsetzt.
- Informierte Eltern sind oft die stärksten Anwälte Ihrer Kinder.
- Trennung und gehen lassen sind schwierige Themen und es ist wichtig, dass Eltern darüber reflektieren können.
- Die Macht und die Möglichkeiten eines Einzelnen werden gestärkt durch ein gut geplantes Unterstützungssystem.

Valery Bradley: Drei Phasen in der Entwicklung von Dienstleistungen für Menschen mit Behinderungen

Bereich	**Institutions-reform**	**De-institutionalisierung**	**Leben in der Gemeinschaft**
Wer ist die betroffene Person?	Patient/in	Klient/in	Staatsbürger/in
Wie und wo erfolgt die typische Dienstleistung?	Institution	Sonderschule oder –klasse, Gruppenwohnheim, Geschützte Werkstätte	Lokale Schule, Privatwohnung, lokaler Betrieb
Wie sind die Dienstleistungen organisiert?	Eine Einrichtung	Eine Skala von Optionen	Spezielles Maßnahmen-angebot für jede individuelle Person
Was ist die Grundhaltung der Unterstützung?	Pflegerisch/ medizinisch	Entwicklungspsychol ogisch/ verhaltens-theoretisch	Individuelle Unterstützung
Wie werden die Dienstleistungen genannt?	Versorgung	Maßnahme	Unterstützung
Welches Planungsmodell wird benutzt?	Individueller Pflegeplan	Individualisierter Betreuungsplan	Persönlicher Zukunftsplan
Wer kontrolliert den Planungsprozess?	Eine ExpertIn (oft MedizinerIn)	Ein interdisziplinäres Team	Der/die Betroffene
Woraufhin werden Entscheidungen getroffen?	Standard professioneller Erfahrung	Teamübereinkunft	Persönlicher Unterstützungs-kreis
Was hat Vorrang?	Reinlichkeit, Gesundheit, Sicherheit	Entwicklung von Fertigkeiten und Sozialverhalten	Selbstbestimmung und soziale Beziehungen
Was sind die wichtigsten Interessen einer Intervention?	Kontrollieren oder Heilen des Zustandes	Verhalten verändern	Umgebung und Einstellung verändern
Was ist der Schwerpunkt der Qualitätssicherung?	Professionelle Erfahrung und Mindeststandard der Pflege	Dokumentierte Programmdurchführu ng und Zielerreichung	Empfindung von Lebensqualität durch die betroffene Person
Wie nennen die Ausführenden ihre Dienstleistung?	Öffnung in die Gemeinschaft	Verankert in der Gemeinschaft	Gemeinschaft

Quelle: Betrifft: Integration. Rundbrief von Integration:Österreich, 1998, H.2, S. 5, Übersetzung nach Volker Rutte, ZIB, Beratungsstelle des LSR Steiermark

Michael Ende: Momo (Auszug)

So kam es, dass Momo sehr viel Besuch hatte. Man sah fast immer jemand bei ihr sitzen, der angelegentlich mit ihr redete. Und wer sie brauchte und nicht kommen konnte, schickte nach ihr um sie zu holen. Und wer noch nicht gemerkt hatte, dass er sie brauchte, zu dem sagten die andern: „Geh doch zu Momo!"
Dieser Satz wurde nach und nach zu einer feststehenden Redensart bei den Leuten der näheren Umgebung. So wie man sagt: „Alles Gute!" oder „Gesegnete Mahlzeit!" oder „Weiß der liebe Himmel!", genauso sagte man also bei allen möglichen Gelegenheiten: „Geh doch zu Momo!"
Aber warum? War Momo vielleicht so unglaublich klug, dass sie jedem Menschen einen guten Rat geben konnte? Fand sie immer die richtigen Worte, wenn jemand Trost brauchte? Konnte sie weise und gerechte Urteile fällen? Nein, das alles konnte Momo ebenso wenig wie jedes andere Kind.
Konnte Momo dann vielleicht irgendetwas, das die Leute in gute Laune versetzte? Konnte sie zum Beispiel besonders schön singen? Oder konnte sie irgendein Instrument spielen? Oder konnte sie - weil sie doch in einer Art Zirkus wohnte - am Ende gar tanzen oder akrobatische Kunststücke vorführen?
Nein, das war es auch nicht.
Konnte sie vielleicht zaubern? Wusste sie irgendeinen geheimnisvollen Spruch, mit dem man alte Sorgen und Nöte vertreiben konnte? Konnte sie aus der Hand lesen oder sonst wie die Zukunft voraussagen?
Nichts von alledem.
Was die kleine Momo konnte wie kein anderer, das war zuhören. Das ist doch nichts Besonderes, wird nun vielleicht mancher Leser sagen, zuhören kann doch jeder.
Aber das ist ein Irrtum. Wirklich zuhören können nur ganz wenige Menschen. Und so wie Momo sich aufs Zuhören verstand, war es ganz und gar einmalig.
Momo konnte so zuhören, dass dummen Leuten plötzlich sehr gescheite Gedanken kamen. Nicht etwa, weil sie etwas sagte oder fragte, was den anderen auf solche Gedanken brachte, nein, sie saß nur da und hörte einfach zu, mit aller Aufmerksamkeit und aller Anteilnahme. Dabei schaute sie den anderen mit ihren großen, dunklen Augen an und der Betreffende fühlte, wie in ihm auf einmal Gedanken auftauchten, von denen er nie geahnt hatte, dass sie in ihm steckten.
Sie konnte so zuhören, dass ratlose oder unentschlossene Leute auf einmal ganz genau wussten, was sie wollten. Oder dass Schüchterne sich plötzlich frei und mutig fühlten. Oder dass Unglückliche und Bedrückte zuversichtlich und froh wurden. Und wenn jemand meinte, sein Leben sei ganz verfehlt und bedeutungslos und er selbst nur irgendeiner unter Millionen, einer, auf den es überhaupt nicht ankommt und der ebenso schnell ersetzt werden kann wie ein kaputter Topf- und er ging hin und erzählte alles das der kleinen Momo, dann wurde ihm, noch während er redete, auf geheimnisvolle Weise klar, dass er sich gründlich irrte, dass es ihn, genau so wie er war, unter allen Menschen nur ein einziges Mal gab und dass er deshalb auf seine besondere Weise für die Weit wichtig war.
So konnte Momo zuhören!

Quelle: Ende, Michael: Momo. Stuttgart 1973, S. 14 ff

Ein Plädoyer für Unterstützung

Sieh nicht meine Behinderung als das Problem.
Erkenne, dass meine Behinderung eine Eigenschaft ist.

Sieh nicht meine Behinderung als ein Defizit.
Du bist es, der mich als abweichend und hilflos sieht.

Versuche mich nicht zu reparieren, da ich nicht kaputt bin.
Unterstütze mich.
Ich kann meinen Beitrag zur Gemeinschaft
auf meine Weise leisten.

Sieh mich nicht als Dein Klient.
Ich bin Dein Mitbürger. Sieh mich als Dein Nachbar.
Bedenke, niemand von uns kann ohne andere leben.

Versuche nicht, mein Verhalten zu verändern.
Sei ruhig und höre zu.
Was Du als unangemessen definierst,
mag mein Versuch sein, mit Dir zu kommunizieren,
in der einzigen mir zur Verfügung stehenden Weise.

Versuche mich nicht zu ändern, Du hast kein Recht.
Hilf mir zu lernen, was ich lernen will.

Verstecke nicht Deine Unsicherheit
hinter „professioneller" Distanz.
Sei ein Mensch, der zuhört
und nicht mir meine Kämpfe abnimmt,
im Versuch alles besser zu machen.

Benutze keine Theorien und Strategien an mir.
Sei mit mir. Und wenn wir miteinander ringen,
lasse dies unsere Selbsterkenntnis wachsen.

Versuche mich nicht unter Kontrolle zu halten.
Ich habe ein Recht auf meine Selbstbestimmung
als eine eigenständige Person.
Was Du Nichtgehorsam oder Manipulation nennst,
mag der einzige Weg sein,
wie ich etwas Kontrolle über mein Leben gewinnen kann.

Hilf mir nicht, selbst wenn es Dir hilft, dich gut zu fühlen.
Frage mich, ob ich Deine Hilfe brauche.
Lasse mich Dir zeigen, wie Du mir am besten assistieren
kannst.

Bewundere mich nicht.
Das Bedürfnis ein ausgefülltes Leben zu leben,
rechtfertigt keine Bewunderung.
Respektiere mich, da Respekt auf Fairness basiert.

Befehle, korrigiere und führe nicht.
Höre zu, unterstütze und folge.

Arbeite nicht an mir.
Arbeite mit mir.

Bringe mir nicht bei, gehorsam, unterwürfig
und höflich zu sein.
Ich muss das Recht haben, nein zu sagen,
wenn ich mich schützen will.

Sei nicht wohltätig zu mir.
Sei mein Verbündeter gegen jene,
die mich für ihre eigene Bestätigung ausnutzen.

Versuche nicht, mein Freund zu sein.
Ich verdiene mehr als das.
Lerne mich kennen.
Wir könnten Freunde werden.

Quelle: Impulse, Zeitung der BAG UB, 1998, H. 7/8, 56-57. Verfasser unbekannt, Übersetzung: Stefan Doose

Die Grundregeln für gute Unterstützung

Wie beim Rechnen gibt es auch für gute Unterstützung eine Reihe wichtiger Grundregeln. Diese Grundregeln bilden für Unterstützungspersonen die Basis, um Menschen mit Lernschwierigkeiten gut unterstützen zu können. Hier die 10 Grundregeln, die wir für absolut notwendig halten:

Regel 1: Ohne Spaß an der Arbeit geht gar nichts

Unterstützungspersonen müssen Spaß und Lust haben, mit Menschen mit Lernschwierigkeiten partnerschaftlich zusammen zu arbeiten.

Regel 2: "Wir Menschen mit Lernschwierigkeiten sind zuerst Menschen. Wir haben die gleichen Rechte und Pflichten wie alle Menschen."

Unterstützungspersonen müssen Respekt vor Menschen mit Lernschwierigkeiten haben und partnerschaftlich und gerecht mit ihnen umgehen. Dazu gehört zum Beispiel auch, dass Unterstützungspersonen Menschen mit Lernschwierigkeiten als gleichberechtigte Bürgerinnen und Bürger anerkennen.
Lösungen für Fragen und Probleme können und müssen mit den Menschen mit Lernschwierigkeiten gemeinsam besprochen werden, denn erst dann ist Gleichheit vorhanden. Und nur so kann sich das Machtverhältnis zwischen Menschen mit Lernschwierigkeiten und BetreuerInnen verschieben.

Regel 3: "Es ist wichtig, dass wir unseren eigenen Weg suchen und finden und unsere Ziele aus eigener Kraft erreichen!"

Menschen mit Lernschwierigkeiten müssen selbst bestimmen wo es langgeht. Sie müssen ihren Weg selbst finden. Sie müssen erfahren und ausprobieren können, was für sie gut ist und was nicht gut ist. Selbstbestimmung ist nicht etwas, das Menschen mit Lernschwierigkeiten je nach Situation erlaubt wird. Selbstbestimmung ist ein unverrückbares Menschenrecht, das jeder Person zusteht. Ob eine Person mit Lernschwierigkeiten dann ihr Selbstbestimmungsrecht auch ausübt, muss eine persönliche Entscheidung der Person bleiben.

Regel 4: "Wir müssen klar sagen, was wir von unseren Unterstützungspersonen wollen und was wir nicht wollen!"

Unterstützungspersonen dürfen nur so viel Unterstützung wie nötig und gewünscht geben. Menschen mit Lernschwierigkeiten müssen die Führung bekommen und selbst bestimmen, welche Unterstützung sie haben wollen.

Regel 5: Tipps und Tricks gehören dazu

Um Menschen mit Lernschwierigkeiten weiterhelfen zu können, müssen die Unterstützungspersonen die Tipps und Tricks des täglichen Lebens kennen, zum Beispiel wie man mit Ämtern umgeht. Diese Tipps und Tricks helfen Menschen mit Lernschwierigkeiten weiter. Unterstützungspersonen müssen bereit sein, diese Tipps und Tricks weiter zu geben.

Regel 6: Fehler zulassen - na klar!

Es ist wichtig, Fehler von Menschen mit Lernschwierigkeiten zuzulassen. Denn viele haben nie gelernt, dass Fehler kein Weltuntergang sind und dass man aus Fehlern lernen kann.
Viele Menschen mit Lernschwierigkeiten sind in der Vergangenheit zu sehr behütet und fremd bestimmt worden. Sie konnten gar nicht herausfinden, was Fehler sind, wie Fehler entstehen und wie man Fehler wieder gut macht.
"Unterstützungspersonen müssen uns unsere eigenen Erfahrungen machen lassen." Menschen mit Lernschwierigkeiten dürfen nicht überbehütet und von Erfahrungen fern gehalten werden.

Regel 7: "Wir müssen unsere Unterstützungspersonen dabei unterstützen, gute Unterstützungspersonen zu sein. Sie können von uns lernen."

Menschen mit Lernschwierigkeiten sind die besten Expertinnen und Experten in eigener Sache. Unterstützungspersonen müssen offen dafür sein, von ihnen zu lernen.

Regel 8: Zeit und Geduld sind Teil von Unterstützung

"Mal eben noch schnell dieses und jenes entscheiden" ist bei der Unterstützung von Menschen mit Lernschwierigkeiten nicht angesagt. Für Unterstützungspersonen gehört es dazu, Zeit und Geduld im Handgepäck zu haben. Denn gute Unterstützung dauert seine Zeit. Das Tempo, wie schnell Dinge voran gehen, bestimmen in erster Linie die Menschen mit Lernschwierigkeiten. Die Unterstützungspersonen müssen dieses Tempo annehmen. Dazu gehört auch, Dinge von Menschen mit Lernschwierigkeiten machen zu lassen - auch wenn es dann länger dauert. Oder es auszuhalten, wenn mal gar nichts passiert. Dann müssen Unterstützungspersonen abwarten und erst nach einer angemessenen Zeit nachfragen wo es hakt und den Menschen mit Lernschwierigkeiten einen sanften Stups geben, wenn gewünscht.

Regel 9: Eine gemeinsame Sprache finden

Unterstützungspersonen müssen eine Sprache benutzen, die von allen Menschen mit Lernschwierigkeiten verstanden wird. Die gemeinsame Sprache sollte so leicht verständlich und einfach wie möglich sein. Fremdwörter sollten vermieden werden.
Es ist auch wichtig, als Unterstützungsperson darauf zu achten, welche Begriffe und Worte man benutzt, die von Menschen mit Lernschwierigkeiten nicht gemocht werden. Der Begriff ‚geistig behindert' ist ein Beispiel hier. Es ist wichtig, dass Unterstützungspersonen und Menschen mit Lernschwierigkeiten eine gemeinsame Sprache finden, die niemanden verletzt oder benachteiligt.

Regel 10: Schweigepflicht ist selbstverständlich

Auch Unterstützungspersonen müssen sich an das Gebot der Schweigepflicht halten. Es ist nicht in Ordnung, über Menschen mit Lernschwierigkeiten zu sprechen und private Dinge weiter zu erzählen. Wenn man als Unterstützungsperson mit Menschen mit Lernschwierigkeiten zusammen arbeitet, sind sie gleichberechtigte Partnerinnen und keine Klientinnen, über die Berichte verfasst werden müssen.

Quelle: Auszug aus "Das kleine 1 x 1 für gute Unterstützung", herausgegeben vom Projekt "Wir vertreten uns selbst!"

Anregung für eine Arbeitshilfe zu der Frage

Was für eine Person bin ich?

Wenn ich mit einer Person ihre Zukunft planen möchte, müssen wir uns zuerst auf Entdeckungsreise begeben. Zu entdecken gibt es die Fragen

- **was für eine Person ist der / die Planende eigentlich?**
- **was macht ihn oder sie überhaupt aus?**
- **welche Informationen, Kriterien, „Puzzle-Teile“ von dieser Person sind wichtig?**

Wenn man diesen Fragen nachgeht, entsteht mehr und mehr ein vielfältiges und lebendiges Bild von der Person. Das Bild setzt sich aus unterschiedlichen Puzzle-Teilen zusammen.

Zum Beispiel können folgende Aspekte wichtige Puzzle-Teile sein:

Stärken / Fähigkeiten
Wünsche
Lebensstil
Vorerfahrungen
Schwierigkeiten
Freunde / Bezugspersonen
Vorlieben
Abneigungen
Episoden aus dem Leben
Lebensmotto usw.

Diese Puzzle-Teile können später wichtige Anknüpfungspunkte für die Zukunftsplanung sein.

Eine Möglichkeit, ein vielfältiges Bild von der Person entstehen zu lassen und festzuhalten ist, die wichtigen Dinge aufzuschreiben oder aufzumalen.

Hierzu eine Idee:

Sie brauchen dazu:

- großes Papier (z.B. Packpapierrolle)

- dicke, bunte Stifte

- Puzzle-Teile, die Sie vorher auf Papier aufmalen und ausschneiden

- Klebstoff

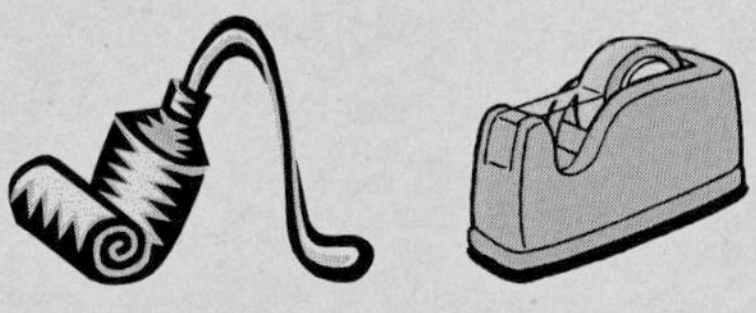

Was für eine Person bin ich?

Auf das große Papier malen Sie zunächst den Körperumriss der planenden Person auf.

Das sieht dann etwa so aus – nur viel größer:

In die Puzzleteile schreiben oder malen Sie das, was die Person ausmacht. Nutzen Sie für jeden wichtigen Aspekt 1 Puzzle-Teil.

Die beschrifteten Puzzle-Teile kleben Sie in den Körperumriss.

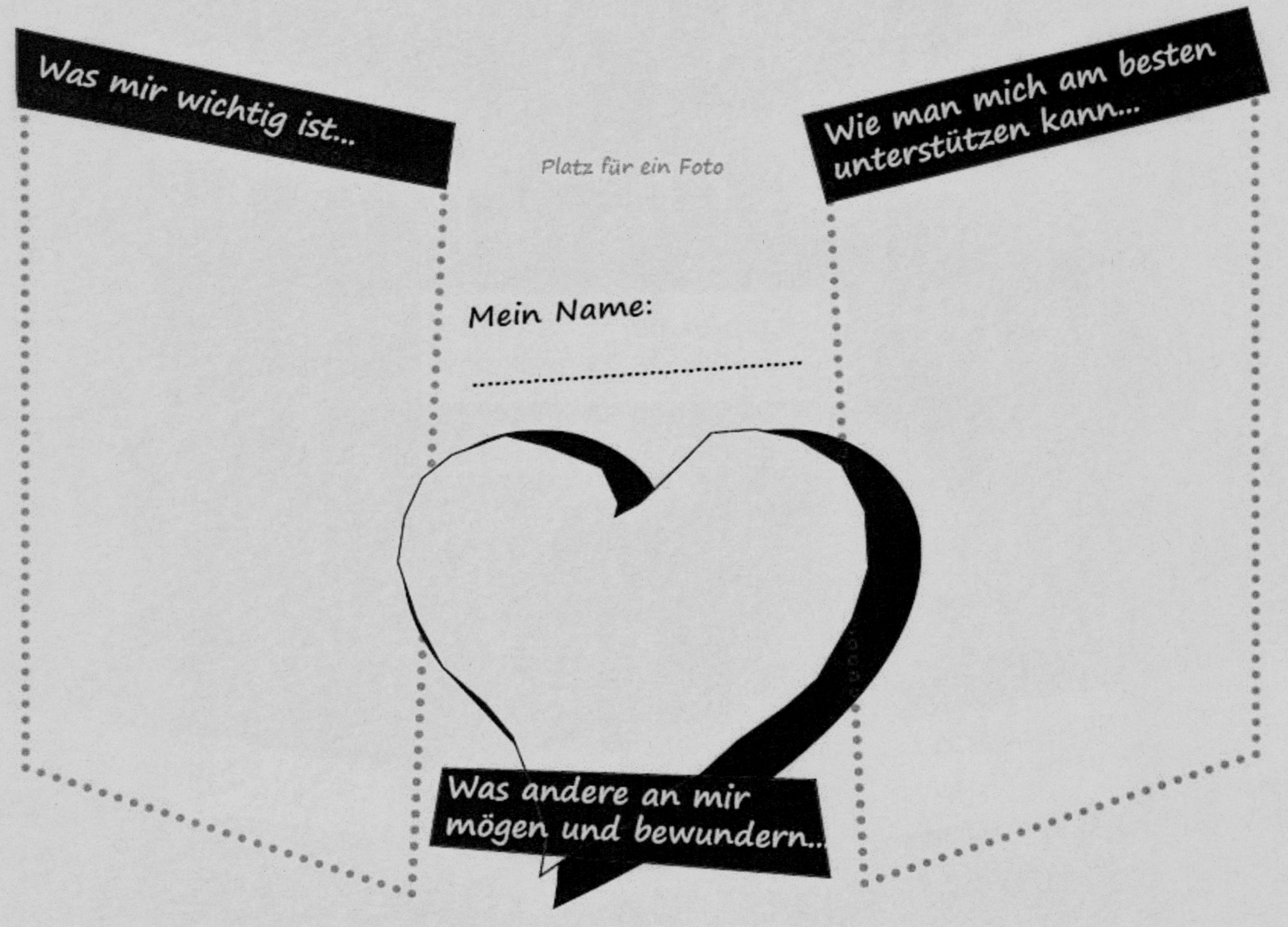
Was mir wichtig ist...
Platz für ein Foto
Wie man mich am besten unterstützen kann...
Mein Name:
Was andere an mir mögen und bewundern...

Was mir wichtig ist...

Platz für ein Foto

Name: ....

Was andere an mir mögen und bewundern...

Wie man mich am besten unterstützen kann...

Meine Stärken - Das kann ich gut!

„Das kann ich gut ...“ 9 gute Dinge über mich

...beim Arbeiten  			
...mit Menschen 			
... in der Freizeit 			

Bitte beschreiben Sie möglichst genau, was Sie gut können.
Am besten sind Beispiele aus Ihrem Alltag.

Wie lebe ich? Wie möchte ich leben?

- **Ich trage Verantwortung für mich.**
  In welchen Situationen? Wie?
- **Ich habe Wahlmöglichkeiten.**
  Welche? In welchen Bereichen kann ich selber wählen?
  Habe ich entschieden diese Zukunftsplanung zu machen?
- **Ich plane, was ich tun will.**
  Täglich? Monatlich? Für das nächste Jahr?
- **Ich treffe meine eigenen Entscheidungen.**
  Denken andere, dass ich gute Entscheidungen treffe?
- **Ich kümmere mich um mich.**
  Wie? Gesundheit? Aussehen? Sicherheit?
- **Ich bekomme die Unterstützung, die ich brauche.**
  Vom wem? Familie? Betreuer? Freunde?
- **Ich kann mir kaufen, was ich möchte und brauche.**
  Was? Wieso? Jetzt/in Zukunft?
- **Ich bin Teil einer Gruppe, die ich mir aussuche.**
  Welche? Was tue ich dort?
- **Ich gehöre dazu.**
  Familie, Arbeit, Freunde, Clubs, Freunde?
- **Ich werde gut bezahlt. Ich habe genug Geld.**
  Jetzt/ in Zukunft?
- **Ich bin ein aktives Mitglied**
  unserer Gesellschaft.
  In meiner Nachbarschaft? In meiner Welt?
- **Ich habe Raum für mich selber.**
  Wo? Wann?
- **Ich bin für andere Menschen wichtig**.
  Für wen? Wie?
- **Ich habe Verantwortung.**
  Für mich? Für andere?
- **Ich habe meine Ruhe und kann für mich sein.**
  Wo? Wann? Wieso?
- **Ich habe Freunde und unternehme etwas.**
  Was? Wie oft?
- **Ich habe Zeit mich zu entspannen.**
  Bücher lesen? Musik hören? Ins Kino gehen?

Ein Tag in meinem Leben

Denken Sie an einen typischen Tag in Ihrem (beruflichen) Leben. Wie sieht er aus? Welche Aufgaben erledigen Sie normalerweise im Laufe des Tages? Schreiben Sie einen typischen Tagesablauf, indem Sie auflisten, wann Sie was tun. Achten Sie auf Ihnen wichtige Details.

Uhrzeit	Aufgabe

Mein Wunschtag

Wie würde mein Wunschtag aussehen?
Ein Tag, an dem tolle, ungewöhnliche Dinge passieren? Welche?
Was wollte ich immer schon einmal tun?
Hier ein paar Anregungen und Ideen:

vormittags

Wann stehe ich auf? Was mache zuerst? Gucken, ob es schon hell ist? Wie ist das Wetter?

Wie geht es weiter? Dusche? Katzenwäsche? Erst auf die Toilette? Oder doch erst noch etwas Radio hören?

Wen werde ich heute anrufen? Eine Freundin, von der ich schon lange nichts mehr gehört habe? Oder besuche ich meinen Nachbarn, den netten alten Herrn von gegenüber? Kaufe ich heute, an meinem Super-Tag, die Zeitung und lese sie gemütlich bei einer Tasse wohlriechendem Tee? Oder Kaffee?

Das Frühstück: mit oder ohne Ei? Weich, mittel oder hart? Toast oder Knäcke?

Mein Weg zur Arbeit. Gehe ich heute mal zu Fuß durch den Park? Oder nehme ich den Bus am Flughafen vorbei, um den Flugzeugen nachzuträumen?
Was gibt's denn heute auf meine Mittagsbrote: Wurst oder den leckeren Käse, der etwas teurer ist?

Heute frei? Gieße ich meine Blumen oder sauge ich zuerst die Wohnung, damit es so richtig gemütlich wird? Lade ich Oma zum Mittagessen ein und koche unser Lieblingsgericht?

nachmittags / abends

Wann komme ich heute von der Arbeit? Gehe ich mal eine Stunde früher? Mein Chef wird schon nichts dagegen haben!? Würde ich die Zeit für einen Stadtbummel nutzen? Oder setze ich mich bei dem kleinen Café gegenüber auf die Bank, die noch so lange Sonne hat? Kaufe ich mir den Pullover, der mir schon so lange gefällt?

Die Stadtbücherei, die hat doch bis 19.00 Uhr geöffnet, da hole ich mir noch zwei Bücher. Oder gehe ich mit Volker und Laura ins Kino?
Karten vorbestellen? Beide zum Abendessen einladen? Oder bei Volker zu Hause kochen?

Endlich mal die CD hören, die mir Joseph zum Geburtstag geschenkt hat? Dazu ein Glas Wein und die Beine hoch legen? Oder mal in Ruhe telefonieren? Zwei Stunden hintereinander und es so richtig auskosten, ohne auf
den Gebührenzähler zu achten? Fernsehen, einen richtig alten Western? Heute mal früh zu Bett? Haben wir Sternenhimmel, kann ich den großen Wagen sehen? Als Nachthupfer eine kleine Süßigkeit? Oder heute mal mit einer Wärmflasche ins Bett? Einen Krimi lesen? Oder einen Bibelvers?

Mein persönliches Lebensqualität-Mandala

Lebensqualität bedeutet für mich...

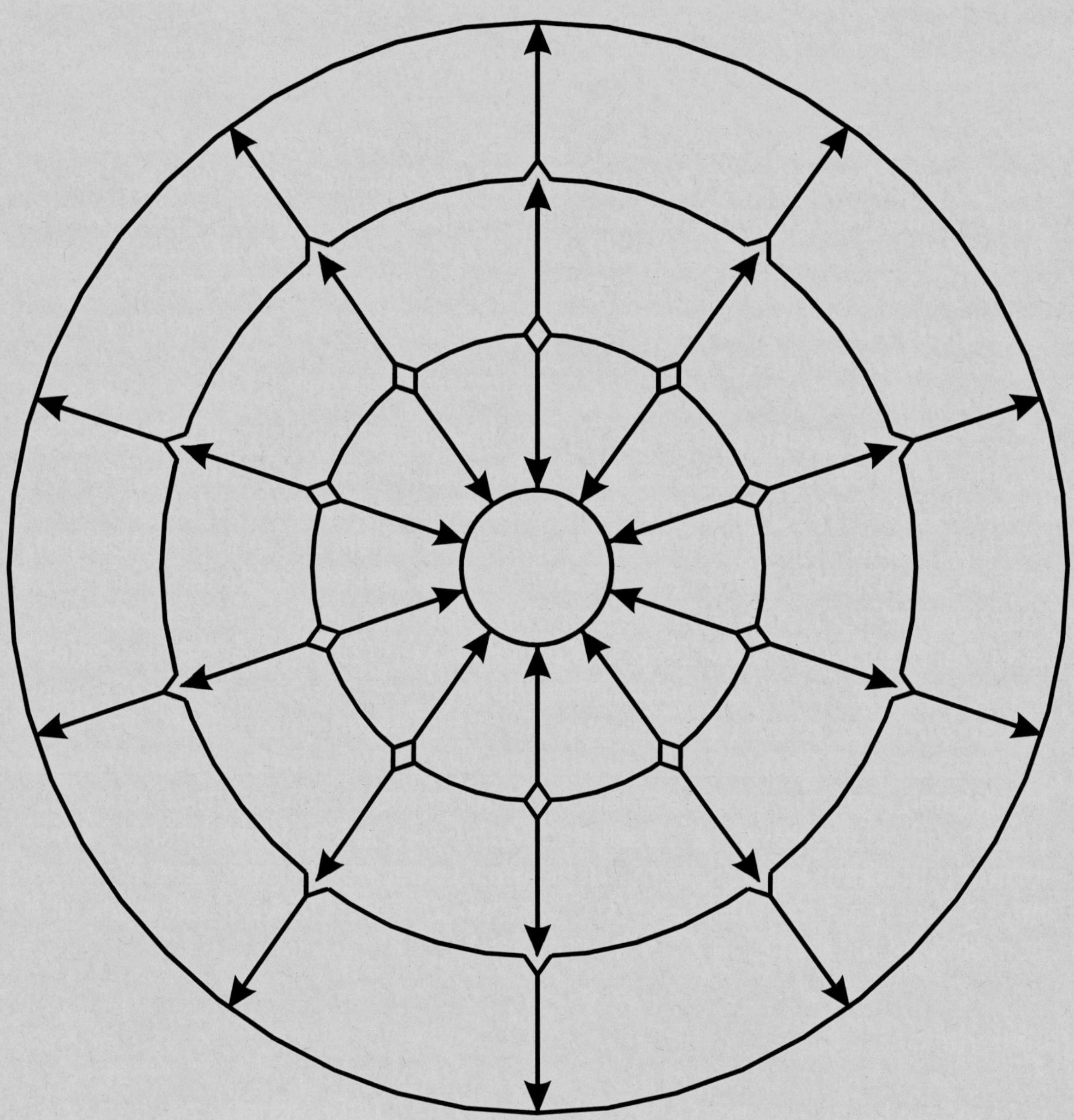

Lebensqualität-Mandala

Methodischer Aufbau

Dieses Mandala ist ein Themenblatt, mit dem erkundet werden soll, was die für die eigene Lebensqualität wichtigsten Bereiche in meinem Leben sind. Dieses Mandala ist nicht nur ein guter Denkrahmen für die persönliche Zukunftsplanung, sondern auch ein treffendes Sinnbild für den Prozess. So kann man mit dem Mandala arbeiten:

1. In die ***Mitte des Mandala*** kommt zuerst der ***Name der Hauptperson***, um die sich alles dreht, der planenden Person, *z.B.: Stefan*
2. In den ***ersten Kreis*** kommen bis zu 10 Begriffe von ***wichtigen Bereichen, die für die Hauptperson Lebensqualität*** ausmachen. Also Wörter, die einem in den Kopf kommen, wenn man beispielsweise gefragt wird: *Was ist Dir wichtig im Leben? Was macht Dich glücklich? Was macht Dich zufrieden? Was tust Du gerne?* Diese Worte drücken nun für eine Person verschiedene wichtige Bereiche von Lebensqualität aus, *z.B. Freunde, Reisen und Kreativität.*
3. In den ***dritten Kreis des Mandalas*** werden nun die ***aktuellen Aktivitäten*** oder Personen geschrieben, die für den jeweiligen Bereich wichtig sind. So könnte beispielsweise zu dem oberen Bereich *Freunde* die Namen von Freunden oder Aktivitäten, die man mit Freunden unternimmt (z.B. Uwe, Martina, Nils,...., gemeinsame Spielabende, Kochen, zusammen verreisen, klönen, ins Theater gehen....), bei *Reisen* Orte stehen, zu denen man gerne reist, die Art der Reise (z.B. die jährliche Gruppenreise an den Bodensee) oder bei *Kreativität* Aktivitäten, die dazugehören (z.B. selber malen, eigene Geschichten ausdenken, Seidenmalgruppe).
4. In den ***äußeren Kreis*** kommen nun die ***zukünftigen Aktivitäten***, die man gerne in diesem Bereich einmal oder mal wieder tun würde. So könnten z.B. im Bereich *Freunde* Dinge stehen, die man gerne in Zukunft mit Freunden unternehmen möchte (z.B. Dorit und Martin besuchen, Klara besser kennen lernen und einmal gemeinsam ausgehen...) oder bei ***Reisen***, eine Reise, die man gerne machen möchte (z.B. Christopher in den USA zu besuchen und gemeinsam mit ihm eine Tour zu machen).

Variationen

Das Mandala kann als Vorlage auf einem DIN A4 Zettel stehen, mal kann es auch groß auf ein Plakatpapier an der Wand hängen. Man kann eine Tastversion mit Plusterstiften machen. Man kann hineinschreiben oder Begriffe durch Symbole zeichnerisch darstellen oder mit Braillebeschriftung aufkleben, Collagen machen oder Fotos von den wichtigen Aktivitäten benutzen. Es ist mehr als ein Denkrahmen gedacht, der verschieden umgesetzt werden kann.

Persönliches Glücksrad

Wichtige Bereiche in meinem Leben, in denen ich etwas unternehmen möchte und Unterstützung benötige....

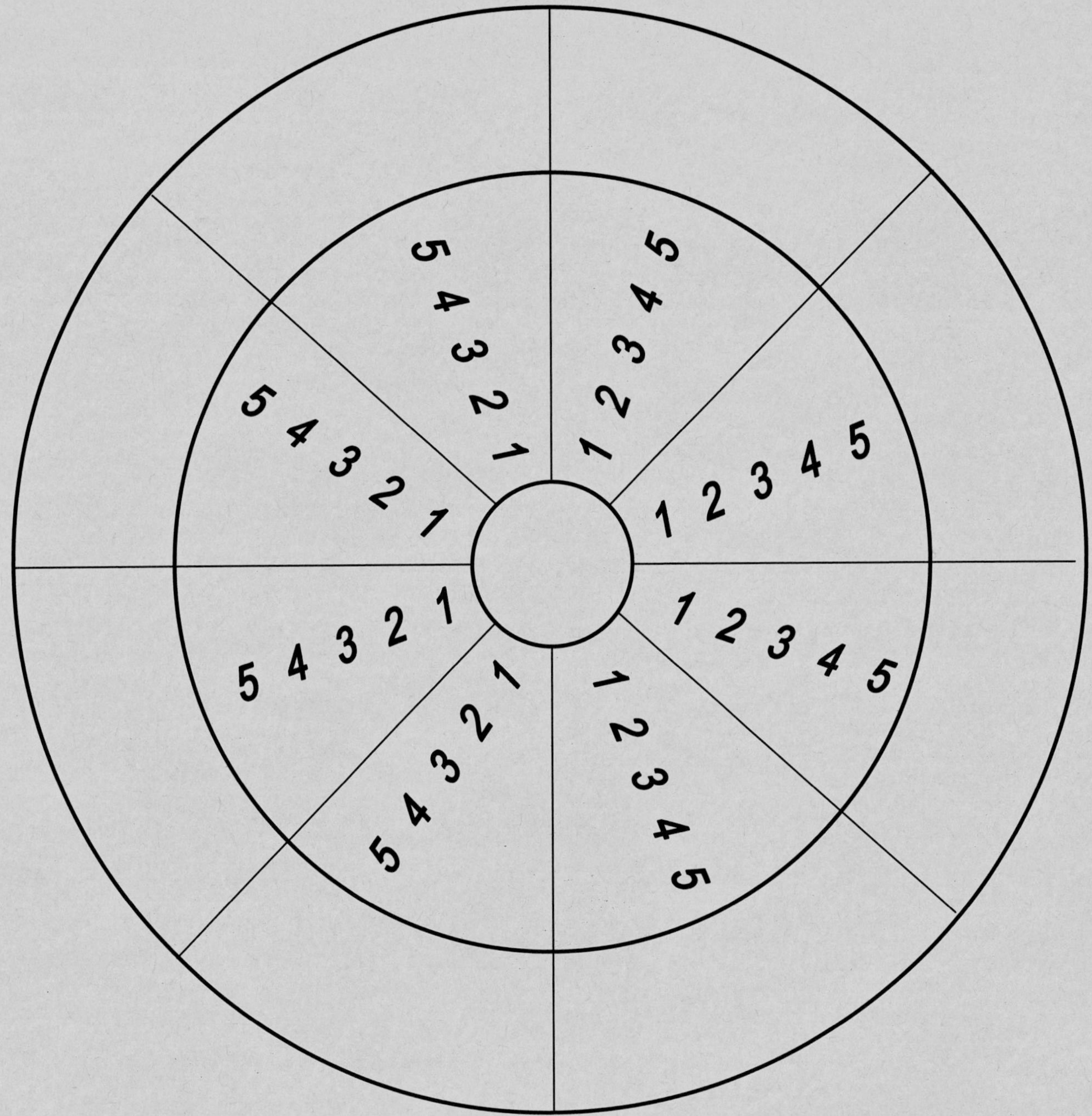

Bewertung durch die unterstützte Person:

Ich bin ...

1 sehr unzufrieden → 2 unzufrieden → 3 einigermaßen zufrieden → 4 zufrieden → 5 sehr zufrieden

mit der Unterstützung in diesem Bereich !

Wichtige Menschen in meinem Leben

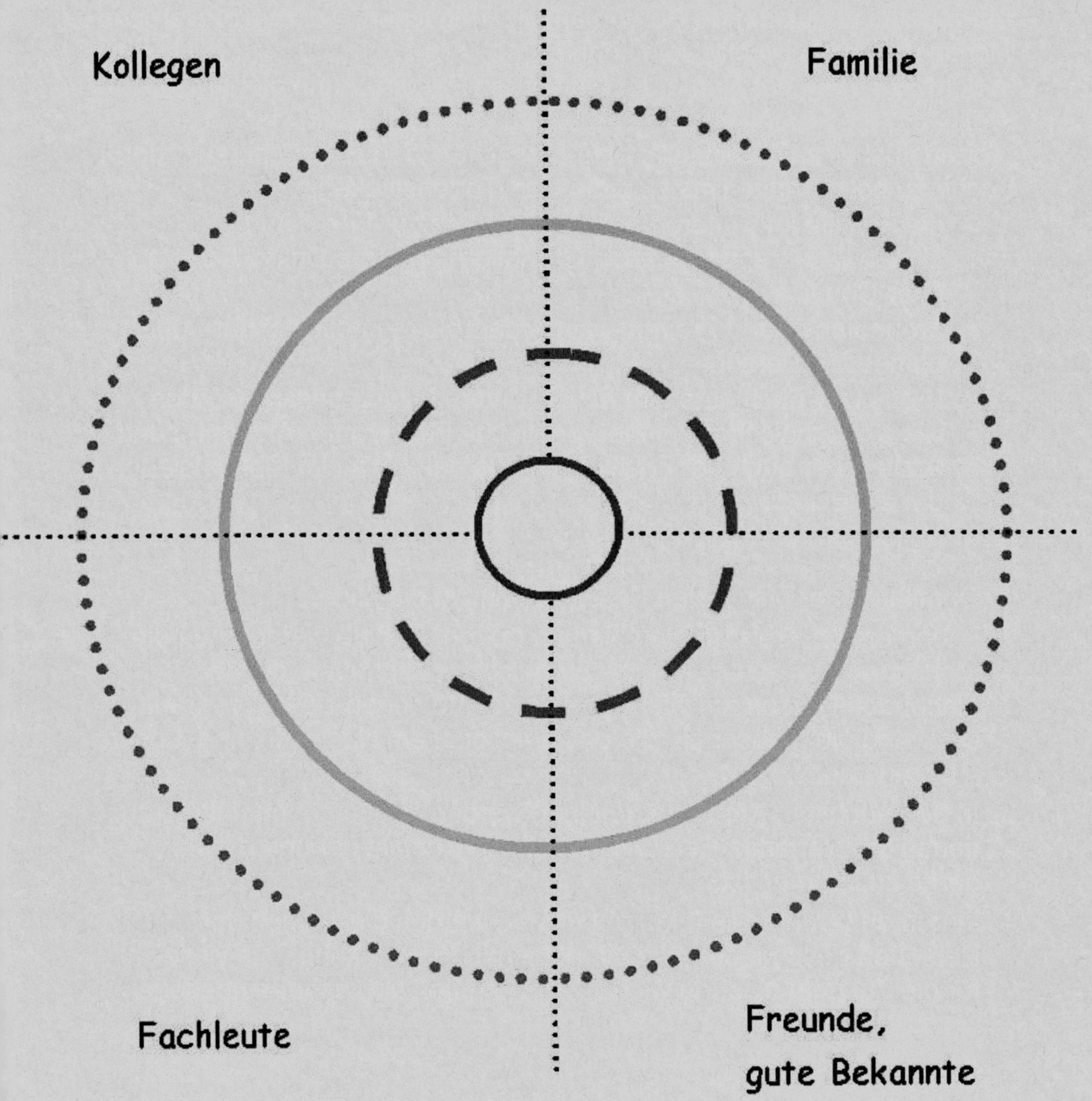

- - - Menschen, die mir am Wichtigsten sind und denen ich voll vertraue

▬ Menschen, zu denen ich einen guten Kontakt habe und mit denen ich sehr gerne zusammen bin

• • • • • Menschen, die ich kenne und die wichtig sein könnten

Kreise der wichtigen Menschen

Methodischer Aufbau

Die „Kreise der wichtigen Menschen in meinem Leben“ ist eine Methode, um wichtige Menschen im Leben der planenden Person zu identifizieren und passende Menschen für einen Unterstützungskreis zu finden.
Dafür denkt die planende Person an alle Menschen, die ihr einfallen und wichtig sind bzw. wichtig sein könnten.
In der Mitte steht der Name der planenden Person. Dann gibt es vier Kreise um die Person herum. Die Kreise sind bewusst in vier „Tortenstücke“ aufgeteilt, um mehr Menschen in „das Fadenkreuz“ der Suche zu bekommen. Das sind die vier „Tortenstücke“:

- die Familie im weiteren Sinne, also nicht nur Eltern und Geschwister, sondern auch Großeltern, Tanten, Onkel, Cousinen oder Cousins usw.,
- Freundinnen und Freunde, außerdem Bekannte, Nachbarn der planenden Person
- Profis und Fachleute, die für die Unterstützung bezahlt werden, wie pädagogische und therapeutische Fachkräfte , Ärztinnen und Ärzte, aber auch der Friseur oder die nette Frau im Einkaufsladen um die Ecke,
- Kollegen und Kolleginnen.

1. Der Name der planenden Person kommt in die Mitte.
2. In den ersten Kreis um den Namen (rot gestrichelt) werden nun die Menschen aus den jeweiligen Bereichen geschrieben, die der planenden Person am wichtigsten sind und denen sie voll vertraut. Dies sind die Menschen, die uns emotional am Nächsten sind, unsere „Herzensmenschen“.
3. In den nächsten Kreis (grüne Linie) werden die Personen notiert, zu denen die planende Person einen guten Kontakt hat und mit sie gerne zusammen ist.
4. In den äußeren Kreis (blau gepunktet) werden die Namen der Personen geschrieben, die die planende Person kennt, die vielleicht für die Zukunftsplanung wichtig sein könnten und näher einbezogen werden sollen.

Statt die Namen aufzuschreiben, können die „wichtigen Menschen in meinem Leben“ sehr gut auch mit Fotos zu einer Bilderseite zusammengestellt werden.

Gestaltung Stefan Doose nach SANDERSON, Helen & GOODWIN, Gill (Hrsg.): Minibuch Personenzentriertes Denken.

Meine Verbindungen - Netzwerkkarte

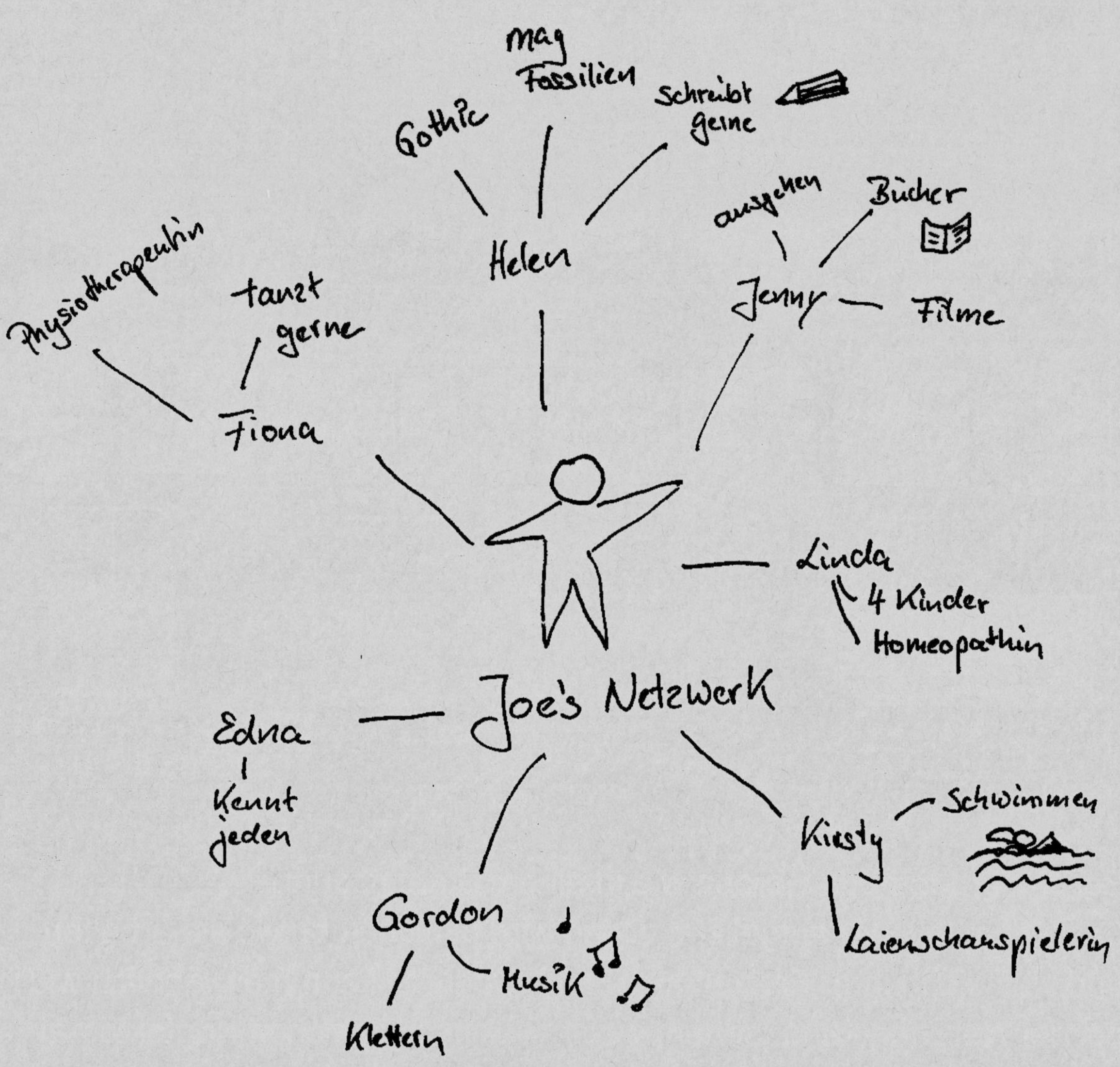

Bei dieser Methode werden wie in einem Mind-Map alle Personen aufgelistet, die die Person kennt.

Zu jeder Person werden ein bis drei Dinge hinzugefügt, die diese Person macht, sie interessiert oder wo sie engagiert ist.

So bekommt man einen guten Überblick, welche Anknüpfungspunkte, gemeinsamen Interessen und Ressourcen es im Netzwerk gibt.

So wird klar, wen man für eine bestimmte Aktivität ansprechen könnte und wer vielleicht weitere Personen in einem bestimmten Bereich kennt.

Quelle: nach SANDERSON, Helen, LIVESLEY, Michelle, POLL, Carl, KENNEDY, Jo: Community Connecting. Stockport: HSA Press 2008.

Familienschatzkarten

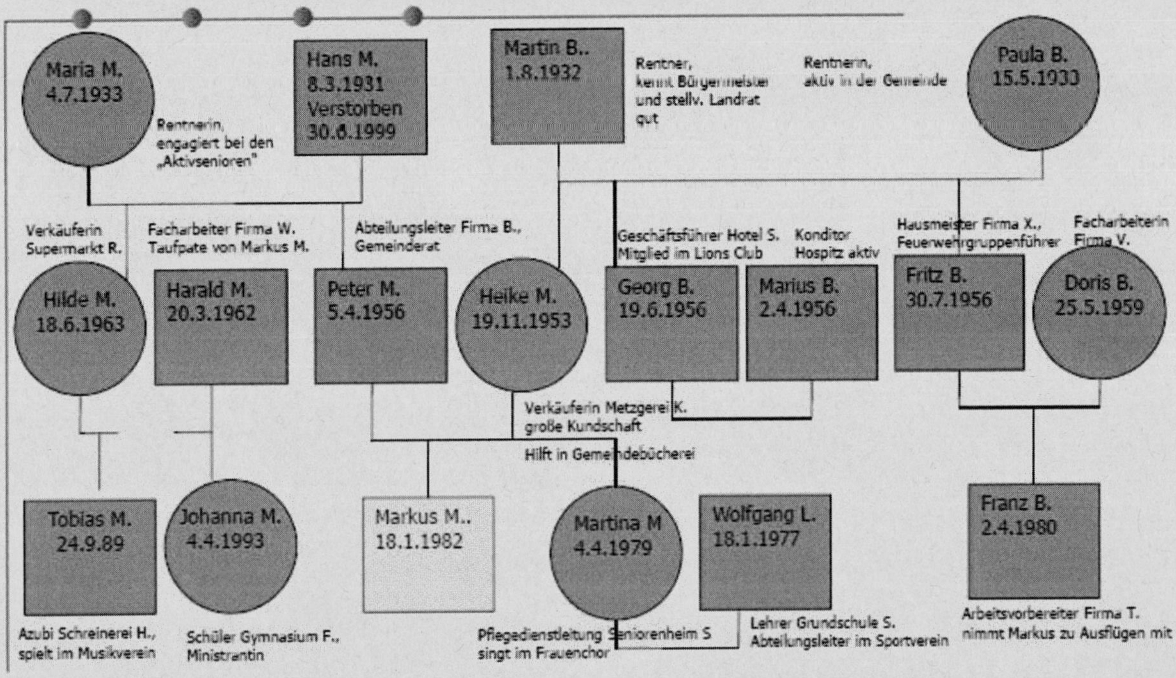

Bei dieser Methode werden wie in einem Stammbaum alle Familienmitglieder aufgelistet. Dann wird hinzugefügt, wo sie arbeiten und was sie in ihrer Freizeit aktiv sind. Dadurch kann man, ähnlich wie bei der Netzwerkkarte, sehen, wer in welchen Bereichen Kontakte hat und zum Erschließen von neuen Möglichkeiten genutzt werden könnte.

Die Methode kommt aus der Sozialraumorientierung und wird z.B. von Integra Mensch in Bamberg zur Erschließung von neuen Arbeitsplätzen genutzt.

Quelle: nach Kuno Eichner, Integra Mensch

Meine Orte

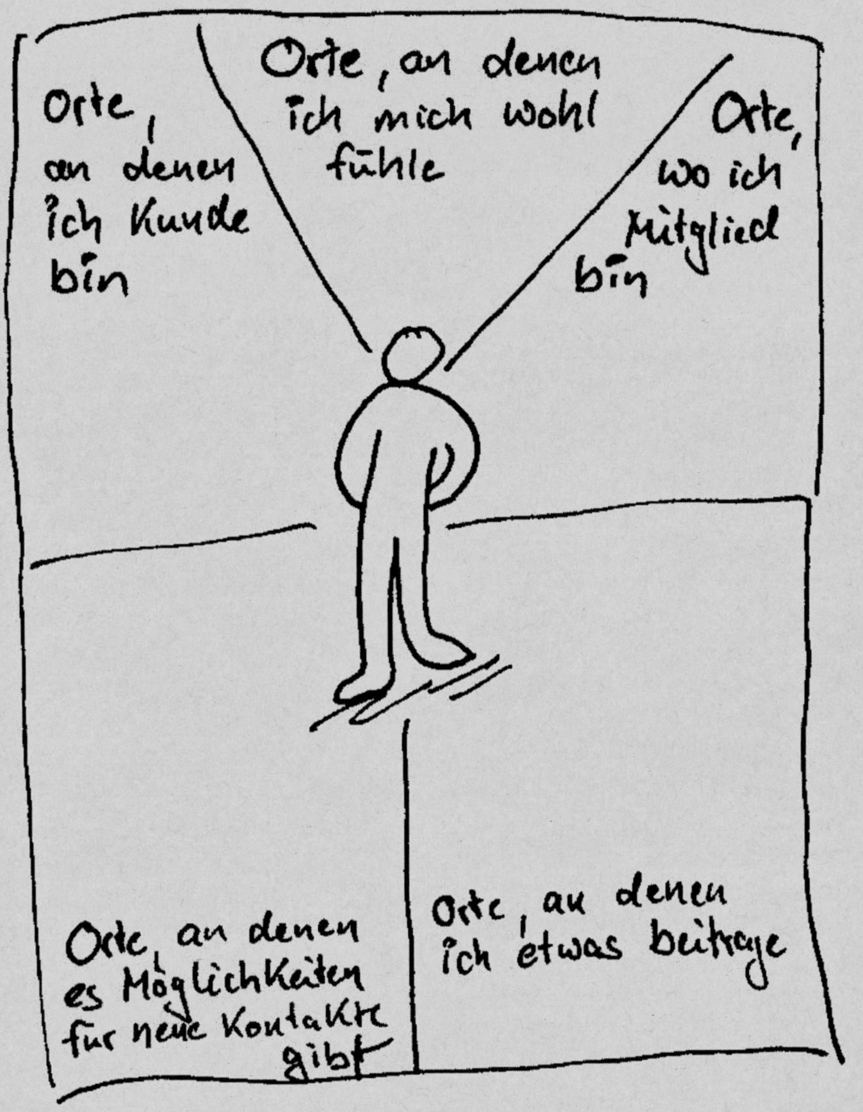

Bei dieser Methode werden auf einem großen Blatt oder Plakat, bedeutsame Orte für eine Person aufgezeichnet. Dabei ist das Plakat in verschiedene Bereiche aufgeteilt:

- Orte, an denen ich mich wohl fühle
- Orte, an denen ich Kunde bin
- Orte, wo ich Mitglied bin
- Orte, an denen es Möglichkeiten für neue Kontakte gibt
- Orte, an denen ich etwas beitragen kann

Quelle: nach Sanderson, Helen, Livesley, Michelle, Poll, Carl, Kennedy, Jo: Community Connecting. Stockport: HSA Press 2008

Meine Träume, meine Ziele für das Wohnen, die Freizeit, die Arbeit

Von Carolin Emrich

Wieso arbeiten???

Suchen Sie sich die Sätze unten aus, die am besten Ihre persönlichen Gründe zu arbeiten umschreiben.

Spaß haben
für etwas zuständig sein
Verantwortung tragen
Dinge kaufen, die ich möchte/brauche
meine Fähigkeiten kennen lernen
Geld verdienen
sich nützlich fühlen
sich glücklich fühlen
eine gute Arbeit machen
nicht gelangweilt sein
aktiv und beschäftigt sein
wichtig sein
meine Ideen ausprobieren
herausfordernde Dinge tun
etwas erreichen
körperlich aktiv sein
die Welt verbessern
erwachsen sein
einen eigenen Zeitplan haben
meine Grenzen kennen lernen
Karriere machen

Stolz sein können
anderen etwas geben
mein Bestes geben
zeigen was ich kann
anerkannt sein
neue Dinge ausprobieren
etwas fertig stellen, produzieren
unabhängig sein
Abenteuer erleben
neue Leute kennen lernen
kreativ sein
neue Dinge lernen
ein besseres Leben haben
aufgeregt sein
tun, was andere Menschen erwarten
etwas tun
unter anderen Menschen sein
jemand sein
verschiedene Dinge tun möchte
die Arbeit fertig kriegen möchte
wahrgenommen werden möchte

Ich arbeite, weil ich.....

____
____
____
____
____
____
____
____
____
____
____
____
____
____
____

Ich möchte bei meinem nächsten/ersten richtigen Job...

____
____
____
____
____
____
____
____
____
____
____
____

Präferenz-Matrix

Was ist mir wichtig(er)...

Will man sich nicht auf eine gefühlsmäßige Entscheidung verlassen oder gibt es mehrere Kriterien, die bei der Entscheidung abzuwägen sind, dann macht die Nutzung der Präferenz-Matrix Sinn.

Wie arbeitet man mit einer Präferenz-Matrix?

1. Die zur Entscheidung wichtigen Kriterien werden in die Buchstaben a - f eingetragen
2. Jeder Punkt wird mit jedem Punkt verglichen.
3. Der Buchstabe des im direkten Vergleich wichtigeren Kriteriums wird in die Pfeilspitze dort eingetragen, wo sich beide Kriterien treffen.
4. Auszählen, welches Kriterium am häufigsten genannt wurde.
5. Erstellung einer Rangliste: Platz 1 - 5.

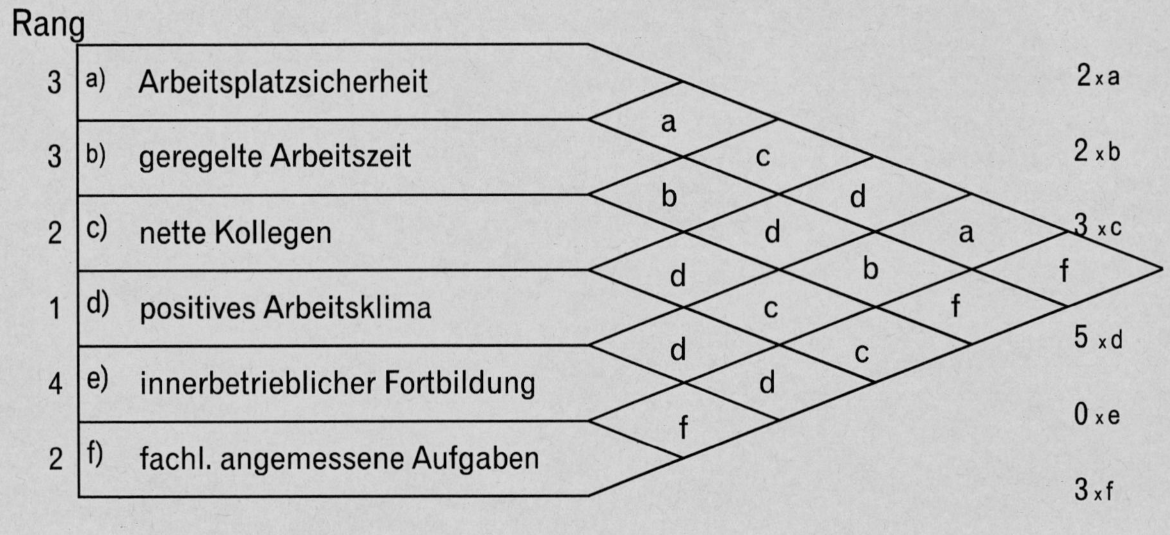

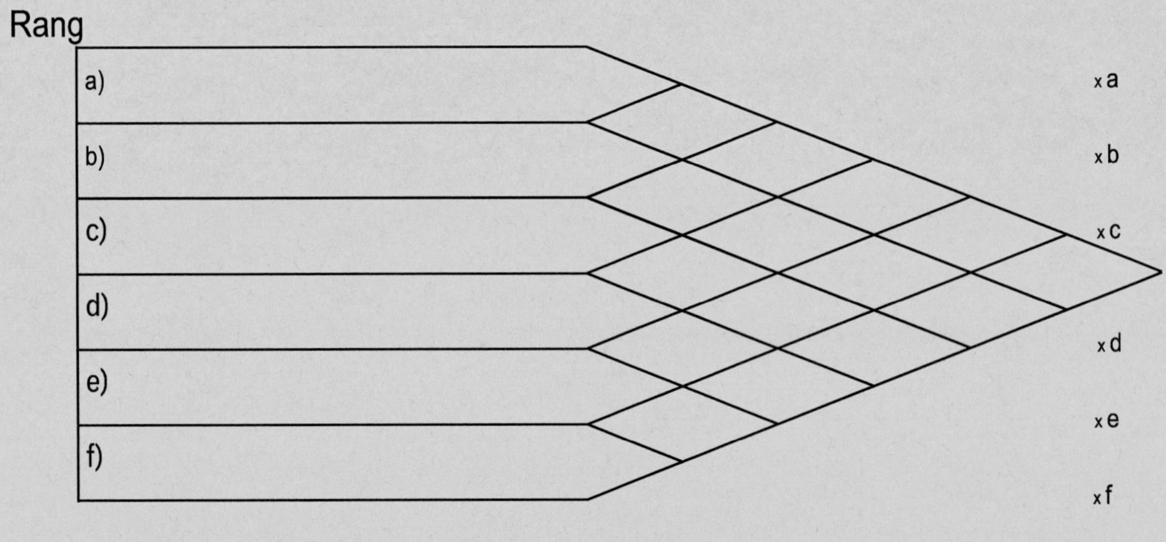

5-Punkte-Checkliste zur Überprüfung von Zielen

Vorbemerkung:

Mit dem *Aufstellen von Zielen* beschreiben wir das *vorgestellte Ergebnis* eines *Vorhabens.* Mit dem Aufstellen von Zielen geben wir unserem Handeln eine Richtung. Unser Vorhaben kann nur dann verwirklicht werden, wenn wir das vorgestellte Ergebnis unseres Handelns, unser Ziel, wirklich wollen und die Umsetzung wirklich vorhaben. Diese Checkliste soll zur besseren Formulierung und genauen Überprüfung unserer Ziele dienen:

1. Messbares Ergebnis:

Das Ziel muss ein möglichst konkretes Ergebnis beschreiben, das messbar in Raum und Zeit ist.

Fragestellung: *Woran werde ich erkennen, ob und inwieweit mein Ziel erreicht ist? Welche messbaren Kriterien sollen Maßstab des Erfolges sein? Wann sollen welche Ergebnisse sichtbar sein?*

2. Realisierbarkeit:

Das Ziel muss realisierbar sein.

Fragestellung: *Kann das Ziel von einem Menschen, der mit normalen menschlichen Fähigkeiten ausgestattet ist, realisiert werden? Verfüge ich selbst/ die Beteiligten über die erforderlichen (normalen menschlichen) Fähigkeiten?*

3. Subjektive Begeisterung - „turn on":

Das Ziel muss subjektive Begeisterung hervorrufen.

Fragestellung: *Was finde ich an dem Ziel, dem vorgestellten Ergebnis meines Vorhabens, erstrebenswert (reizvoll, wichtig, spannend)? Was realisiere ich mir damit?*

4. Dringlichkeit:

Das Ziel muss subjektiv dringend sein.

Fragestellung: *Will ich dieses Ziel als Vorhaben wirklich aktiv verfolgen oder will ich warten bis mir bessere Vorhaben begegnen bzw. mein Leben eigentlich ohne große Änderung weiter vorbeigehen lassen?*

Achtung: nichts ist objektiv dringend! Dringlichkeit entsteht nur durch Deklaration - jemand sagt etwas ist dringend.

5. Bereitschaft zum Handeln:

Das Ziel muss eine Bereitschaft zum Handeln nach sich ziehen, damit es erreicht werden kann. Diese Bereitschaft schließt ein im Zusammenhang mit der Umsetzung des Zieles jederzeit das zu tun, was das angestrebte Ziel in effektiver Weise unterstützt.

Fragestellung: *Bin ich bereit, das zu denken, zu sagen, zu tun, was dem Vorhaben angemessen ist, auch wenn erste Schwierigkeiten auftreten oder es mir persönlich auch Unannehmlichkeiten bereitet?*

Planungs-Treffen -
eine Möglichkeit der Persönlichen Zukunftsplanung

Was sind Planungs-Treffen?

Eine Person oder eine Familie entschließt sich
für ein Treffen zur Persönlichen Zukunftsplanung und
lädt dazu andere Leute ein.
Mit ihnen zusammen spricht die Person z.B. über
einen neuen Arbeitsplatz, verschiedene Wohnmöglichkeiten,
Wege neue Leute kennen zu lernen, Freizeitmöglichkeiten,
Volkshochschulkurse und andere Bildungsangebote –
alles herausfordernde Lebenssituationen, die Lösungen erfordern.

Alles kann bei einer Persönlichen Zukunftsplanung zum Thema werden.
Die planende Person entscheidet, worum es während des Treffens geht:

- ☆ Vielleicht möchte sie einige Leute aktiv am Entdecken ihrer Ideen, Wünsche und Träume beteiligen?
- ☆ Vielleicht möchte sie herausfinden, welche Ideen, Wünsche oder Träume die Leute aus dem Unterstützungs-Kreis für sie und ihr Leben haben?
- ☆ Vielleicht möchten sie diese Menschen aktiv am Erfüllen einiger ihrer Ideen, Wünsche und Träume beteiligen?

Wie macht man Planungs-Treffen?

Zu dem Treffen werden nur Personen eingeladen,
die sich die planende Person ausgesucht hat
und die ihr wichtig sind.
Das könnten zum Beispiel diese Personen sein:

- ❖ Familie
- ❖ Freundinnen und Freunde
- ❖ Kolleginnen und Kollegen
- ❖ Mitschülerinnen und Mitschüler
- ❖ Leute, mit denen die planende Person zusammen lebt
- ❖ Leute, die dafür bezahlt werden, die Person zu unterstützen
- ❖ Einfach jede und jeder, den die Person gerne einladen möchte.

Das Planungs-Treffen ist das Treffen der planenden Person!

Ihre Ideen und Wünsche sind am wichtigsten!

Weshalb werden andere Leute zu dem Treffen eingeladen?

Die Leute, die die planende Person einlädt, unterstützen die Person dabei, herauszufinden, was sie mag und was sie gerne macht.

☆ Die Unterstützer und Unterstützerinnen helfen der planenden Person darüber nachzudenken, was sie gut kann: Welche Talente hat sie.

☆ Die Unterstützer und Unterstützerinnen helfen der planenden Person herauszufinden, was sie machen möchte: Welche Wünsche und Träume hat sie.

☆ Die Unterstützer und Unterstützerinnen sagen der planenden Person auch: Welche Wünsche, Träume und Ideen haben sie für die planende Person.

☆ Die Unterstützer und Unterstützerinnen helfen der planenden Person, Möglichkeiten und Wege zu finden: Wie kann sie ihre Wünsche und Träume verwirklichen.

☆ Einige Unterstützer und Unterstützerinnen helfen der planenden Person vielleicht sogar aktiv und arbeiten mit ihr zusammen, um ihre Träume zu verwirklichen.

Wer organisiert und moderiert das Treffen?

In der Regel führt eine außen stehende Person durch das Treffen.

- ☆ Der Moderator oder die Moderatorin ist zum Beispiel dafür verantwortlich, das Treffen mit zu organisieren.
- ☆ Der Moderator oder die Moderatorin wird der planenden Person und allen eingeladenen Gästen während des Treffens Fragen stellen.
- ☆ Der Moderator oder die Moderatorin sorgt dafür, dass das Treffen ganz den Vorstellungen der planenden Person entspricht und dementsprechend abläuft.

Manchmal werden größere Bogen Papier von dem Moderator oder der Moderatorin oder einer 2. Person dazu benutzt, um alle Ideen, Wünsche und Träume auf zu schreiben und sie mit einfachen Bildern zu malen.

So hat jede beteiligte Person jederzeit alle Ideen direkt vor Augen.

In anderen Fällen entwickelt die planende Person alleine oder mit ihren Gästen zusammen andere, alternative Möglichkeiten, ihren Plan festzuhalten.
Zum Beispiel wird das Treffen mit einem Diktiergerät aufgenommen oder ein Video gedreht, es wird auf Notizzettel geschrieben, es werden Bildkarten benutzt oder Fotos gemacht.

Wo und wie oft trifft sich die planende Person mit ihrem Unterstützungs-Kreis?

Jede Person, die ein Treffen für sich haben möchte, entscheidet, wo das Treffen stattfinden soll. Es sollte ein Raum sein, in dem sich die planende Person besonders wohl und zuhause fühlt.

Manchmal ist nur ein Treffen nötig oder gewünscht.
In anderen Fällen entscheiden die planende Person und der Unterstützungs-Kreis, dass sie sich wieder treffen müssen oder möchten. Wie oft sie sich als Gruppe treffen, hängt allein von den persönlichen Bedürfnissen der planenden Person ab.

Wie sieht ein gutes Treffen aus?

Es gibt unendlich viele richtige Wege, ein Treffen zur Persönlichen Zukunftsplanung zu gestalten und durchzuführen:

Manche feiern ihre Zukunftsplanung wie ein großes Fest: Das Fest geht den ganzen Tag, der Raum ist besonders geschmückt, es gibt etwas zu Essen.

Andere treffen sich für ihre Zukunftsplanung lieber öfter. Die einzelnen Treffen sind kürzer. Die Treffen sind eher Arbeitstreffen.

Egal ob es ein Fest oder ein Arbeitstreffen ist, **so werden die Treffen erfolgreich:**

☆ Die Ideen, Wünsche und Hoffnungen der planenden Person sind die wichtigsten und stehen immer im Mittelpunkt.

☆ Alle Beteiligten hören sich die Ideen, Wünsche und Hoffnungen der planenden Person vorbehaltlos an.

☆ Alle Beteiligten unterhalten sich darüber, wo die Stärken der planenden Person liegen und was sie am besten kann.

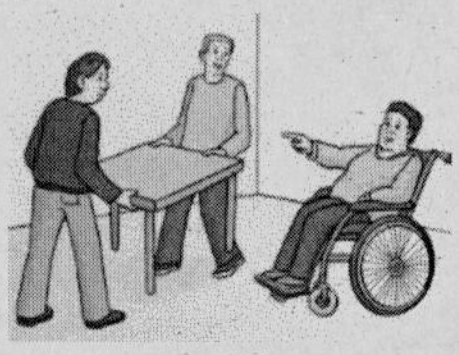

☆ Alle Beteiligten helfen der planenden Person dabei, heraus zu finden, welche Unterstützung und Hilfen sie braucht, um ihre Hoffnungen verwirklichen zu können.

☆ Alle Beteiligten haben viele gute und kreative Ideen und sind dabei und machen mit, weil sie es wollen.

☆ Alle Beteiligten unterstützen die planende Person bei ihren Ideen, Wünschen und Hoffnungen.

☆ Das Umfeld und der Raum, in dem das Treffen stattfindet, sind einladend und bequem.
Getränke und ein kleiner Imbiss sind immer eine gute Idee;

☆ **Alle Beteiligten sind mit Spaß dabei!!!!**

Quelle: Oregon Transition Systems Change Project (Deutsche Bearbeitung: S. Göbel, 2003 & 2013)

Persönliche Zukunftsplanung

Hinweise für UnterstützerInnen

Allgemein:

- Identifizieren Sie die Wege, in denen die planende Person normalerweise Vorlieben ausdrückt und zwischen verschiedenen Möglichkeiten wählt. Dies ist besonders wichtig bei Menschen, die wenig oder gar nicht verbal kommunizieren.
- Erkunden Sie mit der planenden Person gemeinsam, welche Wahlmöglichkeiten sie in ihrem täglichen Leben hat und wie sie diese wahrnehmen kann.
- Ermutigen Sie die planende Person, neue Situationen zu erkunden und kalkulierbare Risiken einzugehen.
- Helfen Sie der unterstützten Person Verantwortung für ihre Handlungen zu übernehmen.
- Nehmen Sie ihre Anstrengungen hinsichtlich eines gesteckten Zieles positiv auf.
- Betonen Sie die Stärken und Einzigartigkeit der planenden Person.
- Aktives Zuhören!
- Geben Sie wertfreie, ehrliche, bestärkende, aber auch realistische Rückmeldungen.
- Gewähren Sie alle notwendige Unterstützung, damit die planende Person ihren Möglichkeiten entsprechend eigenständig ihre persönliche Zukunftsplanung betreiben kann.

Vorbereitung des Planungstreffens:

- Lassen Sie die planende Person die Entscheidungen hinsichtlich der Logistik des Planungstreffens soweit wie möglich selber treffen (Teilnehmer, Ort, Snacks, Einladung etc.)
- Unterstützen Sie die planende Person ihr Treffen selbst in die Hand zu nehmen, so wie sie sich wohl damit fühlt (z.B. Begrüßung, Vortrag der persönlichen Ziele, eventuell mit vorbereiteten (Bild-) Karten, aktive oder eher passive Teilnahme in der Diskussion, Protokoll, Tonbandprotokoll führen, Aufhängen Poster etc.).
- Dies kann Vorbereitung und Übung oder Training vorher erfordern. (Wie kann die Unterstützung für die konkrete unterstützte Person aussehen? Als Unterstützung ist für diese Person nötig....)

Nachbereitung des Planungstreffens:

- Unterstützen Sie die planende Person dafür zu sorgen, dass der Aktionsplan auch ausgeführt wird. (Als Unterstützung ist für diese Person notwendig..... Folgende Verabredungen wurden getroffen...)
- Unterstützen Sie die planende Person einen Kalender zu führen und Zeiten festzulegen, wann eine Aufgabe erledigt wird.
- Unterstützen Sie die planende Person konkrete Ziele für den Tag und die Woche festzulegen und sie abzuarbeiten.
- Unterstützen Sie die planende Person mit Problemlösungsstrategien, um auftauchende Probleme zu lösen.
- Unterstützen Sie die planende Person, persönlich akzeptable Wege zu finden nach Hilfe zu fragen.
- Unterstützen Sie die planende Person, wenn der erste Eifer nachlässt.

Wichtige Tipps
Wie ich mein Treffen selber leite...

1. Spielen Sie den Ablauf des Treffens einfach vorher einmal mit jemand durch, erzählen Sie der Person, was Sie sagen wollen und fragen Sie die Person nach Verbesserungsvorschlägen.

2. Setzen Sie sich dahin, wo Sie jeder gut sehen kann. Vielleicht möchten Sie jemanden in Ihrer Nähe sitzen haben, der Ihnen, wenn Sie es wollen, helfen kann.

3. Stellen Sie alle Gäste vor und überlegen Sie sich, wie Sie das Treffen beginnen wollen (eine kleine Eröffnungsrede - weshalb dieses Treffen - was Sie erreichen wollen).

4. Reden Sie über die Dinge, die wichtig für Sie sind.

5. Sprechen Sie für sich selber anstatt andere Leute für Sie reden zu lassen.

6. Es ist in Ordnung mit anderen Menschen nicht einer Meinung zu sein - es ist Ihr Leben über das geredet wird!

7. Fragen Sie nach, wenn Ihnen etwas unklar ist. Fragen Sie solange, bis Sie wirklich alles verstanden haben.

8. Stimmen Sie nur Dingen zu, die Sie tun wollen oder bei denen SIE denken, dass Sie sie tun sollten.

9. Lassen Sie jemanden für sich Notizen machen und alle wichtigen Punkte aufschreiben. Manche Menschen nehmen das Treffen mit einem Diktiergerät auf.

10. Seien Sie positiv! Es ist Ihr Treffen und es soll Ihnen Spaß machen und Sie weiterbringen.

Denken Sie dran und erinnern Sie andere,
falls diese es vergessen:
Es ist Ihr Treffen und es ist Ihr Leben!!!

12 Tipps für die Gruppenmoderation von Unterstützerkreisen

1. Sorgen Sie dafür, dass die TeilnehmerInnen sich wohl fühlen. Lockern Sie die Atmosphäre durch einen Scherz auf. Geben Sie eine kurze Einführung. Auch eine Tasse Kaffee oder Tee, bequeme Stühle, eine Sitzordnung, wo sich jeder sehen kann, usw. tragen das ihre dazu bei.

2. Erläutern Sie einige „Spielregeln" wie Zuhören, den Vorredner nicht unterbrechen oder nicht in Fachjargon zu verfallen.

3. Verwenden Sie Bilder, Symbole, Geschichten etc. Dies erleichtert allen den Zugang zu neuen Informationen und senkt die Hürden, sich auch selbst einzubringen.

4. Bedenken Sie: Ihre eigene Auffassung ist nicht der Weisheit letzter Schluss. Erkennen Sie auch andere Standpunkte und Beiträge an. Jeder bringt seine eigenen Ideen, Wissen und Erfahrung, Kontakte und Bereitschaft mit anzupacken mit.

5. Hören Sie aktiv zu. Das bedeutet:
   - wirklich da zu sein (Körperhaltung, Augenkontakt)
   - Unausgesprochenes wahrzunehmen (Informationen, Gefühle)
   - auf die Körpersprache der anderen zu achten (Gesichtsausdruck, Gesten, Körperhaltung)

6. Wiederholen und reflektieren Sie das Gesagte.
   - Es zeigt, dass Sie zuhören.
   - Es verdeutlicht bereits Gesagtes.
   - Es hilft bei der Frage, ob Sie es auch richtig verstanden haben.
   - Es zeigt, dass Sie das Gesagte ernst nehmen und in seiner Bedeutung würdigen.

7. Stellen Sie „offene Fragen", keine „geschlossenen".
   Geschlossene Fragen sind Ja-Nein-Fragen: „Treiben Sie Sport?"
   Offene Fragen hingegen können weder mit Ja noch mit Nein beantwortet werden: „Warum spielen Sie gerne Fußball?"
   Durch offene Fragen erhalten Sie mehr Informationen, da Kurzantworten selten sind.

8. Sprechen Sie die TeilnehmerInnen nacheinander an. Dadurch wird jeder einmal an der Diskussion beteiligt. „Was ist Ihre Meinung dazu, Herr Schmidt?", „Warum sehen Sie das anders, Frau Schulze?"

9. Sorgen Sie dafür, dass alle mehrmals zu Wort kommen.
   Wer hat sich noch nicht geäußert? Warum nicht? Mögliche Gründe:
   - Die betreffende Person hat keine Meinung (das ist eher unwahrscheinlich).
   - Die betreffende Person hat sich bereits durch Kopfnicken etc. geäußert.
   - Sie ist zurückhaltend (was Ihnen beim Kennen lernen aufgefallen ist).
   - Sie vertritt eine Minderheitsmeinung (Indizien: Reserviertheit, keine Reaktion, negative Reaktion).
   - Sie hat den zuletzt vorgetragenen Gedanken nicht folgen können (Indiz: Sie macht eine irritierten oder verwirrten Eindruck)

10. Suchen Sie bei Unstimmigkeiten Themenbereiche, bei denen größere Übereinstimmung herrscht. Dennoch dürfen Sie diese Unstimmigkeiten nicht unter den Tisch fallen lassen. Es zu tun, wäre in höchstem Maße unehrlich und manipulierend.

11. Die Moderation einer Gruppe erfordert eine hohe Wachsamkeit.
    Beachten Sie daher folgendes:
    - *Einige verhalten sich ängstlich.*
      - Geben Sie der Gruppe ein Gefühl der Sicherheit.
      - Begrüßen Sie jede TeilnehmerIn einzeln.
      - Hören Sie aktiv zu.
    - *Einige Personen geraten in eine Verteidigungshaltung.*
      - Machen Sie allen deutlich, dass es nicht um Vorwürfe an wen auch immer geht, sondern darum, die Situation und Lebensqualität der planenden Person zu verbessern.
    - *Es wird zu sehr verallgemeinert.*
      - Erinnern Sie daran, dass es bei diesem Treffen um die anwesende Hauptperson geht, und nicht ganz allgemein um irgendwelche Personen.
    - *Wie bleibt die Gruppe „dran"?*
      - Erkundigen Sie sich bei TeilnehmerInnen, die keine Fachdienste in Anspruch nehmen.
      - Suchen Sie nach Alternativen (zweiminütiges Brainstorming).
      - Thematisieren Sie den Idealzustand und stellen Sie die Frage: „Wie erreichen wir ihn?"

12. Schließen Sie am Ende des Treffens klare Vereinbarungen ab.
    Jede TeilnehmerIn sollte wissen, was beschlossen wurde und welche Schritte zur Umsetzung des Beschlossenen als nächstes von wem getan werden.

Nach: Irish Association of Supported Employment (IASE) / Open Training College (Hrsg.): Diploma in Supported Employment. Module 2: Planning: one person at a time. Dublin 1996, Übersetzung: Christoph Mühlbach

Unterstützende Äußerungen

Sprechen Sie die Situation partnerschaftlich von gleich zu gleich mit der unterstützten Person durch. Ihre Fragen können dabei helfen herauszufinden, was die Person über die Situation denkt, was sie tun könnte und welche Konsequenzen dies aus ihrer Sicht hätte. Erkunden Sie gemeinsam, was eine Lösung des Problems für die Person wäre und erfragen Sie, welche Unterstützung sie dabei benötigt.

- Mich würde interessieren, was Sie in dieser Situation tun wollen ...
- Was wäre aus Ihrer Sicht der nächste Schritt?
- Ich frage mich, was eine Möglichkeit wäre, damit anzufangen ...
- Ich habe überlegt, ob Sie mal daran gedacht haben ...
- Was würden Sie empfehlen?
- Ich frage mich, was Sie über ____ denken.../ was Sie dazu meinen...
- Wenn ______, ________ machen / sagen würde, was wäre vielleicht eine gute Möglichkeit darauf zu reagieren?
- Ich habe bemerkt, dass _____, wie sehen Sie das?
- Ich würde gerne hören, was Sie denken / wie Sie sich dabei fühlen....
- Ich möchte gerne hören, was Ihre Ideen sind ...
- Ich hätte einige Ideen wie Sie _______.
  Möchten Sie die Ideen hören?
- Das ist eine Idee. Ich frage mich, ob es noch andere Ideen gibt.
  Fallen Ihnen andere Ideen ein, die Sie gerne ausprobieren möchten?
- Ich erinnere mich an eine Idee, die jemand in einer ähnlichen Situation hatte. Möchten Sie die Idee hören?
- Wenn ich Sie beim Lösen dieses Problems unterstützen kann, sagen Sie es mir.
- Es ist gut, Ihre Sicht / Ideen / Gefühle dazu hören.
  Ich weiß, dass andere Menschen andere Sichtweisen / Meinungen / Gefühle zu diesem Thema haben. Soll ich sie Ihnen erzählen?
- Ich muss das mal überprüfen. Ich brauche mehr Informationen.
- Ich frage mich, was Ihre Gedanken zu diesem Punkt sind.
- Ich kann Ihnen sagen, was ich in dieser Situation machen könnte, wenn es Sie interessiert.
- Ich frage mich, ob Sie jemanden kennen, der Ihnen bei dieser Situation helfen könnte.
- Benötigen Sie dabei irgendwelche Unterstützung?
- Welche Unterstützung brauchen Sie?
- Was wäre hilfreich ...?
- Wäre _______ hilfreich / einfacher für Sie?

Kontrollierende Äußerungen
(von oben herab)

- Ich bin nicht sicher, dass du dazu schon fähig bist...
- Erinnere dich als du das letzte Mal...
- Ich habe dir doch gesagt...
- Ich dachte ich hätte dir gesagt...
- Sage nicht, ich hätte dich nicht gewarnt...
- Wie kann ich dich nur dazu bringen, endlich ____ zu tun?
- Es besorgt mich, wenn du ...
- Du kannst nicht/ solltest nicht ....
- Nimm meinen Ratschlag...
- Ich werde dir zeigen, wie es geht und dann machst du es so.
- WARTE! Sieh mich an!
- Du hörst mir nicht zu.
- Lass es mich dir zeigen. / Ich helfe dir.
- Du musst es so machen.
- Das ist nicht richtig.
- Du verstehst das nicht.
- Das funktioniert nicht/ nie.
- Dazu bist du zu behindert.
- Der beste Weg ist...
- Pass auf...
- Du musst...
- Du solltest...
- F A L S C H !!
- Streng dich an!
- Konzentrier dich doch einmal!
- Immer dasselbe mit dir!
- Ich weiß es aus meiner Erfahrung wirklich besser...
- Pass auf! Sei vorsichtig!
- Ich kann dich nicht....
- Bei deiner Behinderung ....
- Ich wünschte du würdest (nicht) ....
- Warte, lass mich dir damit helfen.
- Wir wollen doch nicht, dass ______, oder?

Quelle: Nach Curtis, Emilee/ Dezelsky, Milly: It's my life. Preference-based Planning for Self-Directed Goal Meetings. Facilitator's Guide. Salt Lake City, USA (New Hats) 1994, S. 46-49, Übersetzung und Bearbeitung: Stefan Doose & Susanne Göbel

„Punkt, Punkt, Komma, Strich – Ein Bild wird es sicherlich!“

Graphische Darstellung als wichtiges Element der Persönlichen Zukunftsplanung

Susanne Göbel, überarbeitete Fassung September 2013

Denken Sie gerade: „Zeichnen – das ist nichts für mich.“ Dann möchte ich Sie dazu einladen, trotzdem weiter zu lesen. Dieser Beitrag ist gerade auch für Sie gedacht!

Jede / Jeder von uns kann etwas zeichnen.

Die meisten von uns kennen diese Situation bestimmt: Da sollen wir zum Beispiel eine Person zeichnen, die mit ihrem Hund spazieren geht, und bevor wir den Stift überhaupt in die Hand genommen haben, sagt uns unsere innere Stimme schon „Ich kann doch gar nicht zeichnen!“ Und genau das verkünden wir dann auch schon einmal sicherheitshalber. Das Blatt Papier vor uns bleibt leer, oder, nachdem wir uns dann doch überwunden und ‚etwas‘ gezeichnet haben, sind wir schnell dabei, das Ergebnis zu erklären und uns für diese ‚Wurst mit Kopf und vier Beinen, die ein Hund sein soll‘ zu entschuldigen: „Ich habe doch gleich gesagt, dass das nichts wird.“ Schade eigentlich, dass viele von

uns beim Zeichnen so schnell aufgeben. Denn frei nach dem Motto „Punkt, Punkt, Komma, Strich – Ein Bild wird es sicherlich“ steckt in jeder und jedem von uns die Fähigkeit, Sprache in Bilder umzusetzen und diese aufs Papier zu bringen.

Aber was hat nun die Fähigkeit, Gesagtes bildlich darstellen zu können, mit Persönlicher Zukunftsplanung zu tun? Sehr viel! Persönliche Zukunftsplanung lebt von vielen, sehr unterschiedlichen Elementen: der planenden Person mit ihrer Lebensgeschichte, ihren Träumen und Wünschen, einem engagierten Unterstützungskreis, gemeinsamen Treffen, Plänen und deren Umsetzung. All diese Elemente und andere mehr machen Persönliche Zukunftsplanung erst lebendig und lassen sie zu einem vielfältigen und im wahrsten Sinne des Wortes bunten Prozess

werden. Dabei ist es eine große und sicherlich auch kreative Herausforderung an die Moderatorin oder den Moderator, diese Lebendigkeit zu erspüren und sie für den Moment, besonders aber für die Zukunft festzuhalten. Bilder, Zeichnungen, graphische Darstellungen, Visualisierungen – egal welcher Begrifflichkeit man sich bedient - sind dabei eine – aber sicherlich nicht die einzige – ideale Möglichkeit, die Lebendigkeit und Vielfalt des Planungsprozesses einzufangen und zu dokumentieren.

Es geht hier nicht um Kunst, sondern um Kommunikation

Sprache lebt von und mit Bildern

Bilder spielen im Alltag eine große Rolle:
Unsere Sprache ist oft sehr bildlich, in der Regel träumen wir in Bildern und nicht in Worten, (Fernseh-)Bilder prägen sich tief in unser Gedächtnis ein, Erinnerungen spiegeln sich überwiegend in Bildern wider. Und selbst so manche Schrift bedient(e) sich dieser Bildhaftigkeit: Die ägyptischen Hieroglyphen oder die chinesische Schrift bestehen aus unzähligen symbolhaften ‚Schrift'zeichen, bei denen die beschriebene Sache dem Zeichen oder der Zeichnung Modell stand. Bilder sind also durchaus ein wichtiges Element der Kommunikation, wenn auch in erster Linie für sehende Menschen.

Auch und gerade für Persönliche Zukunftsplanung sind Bilder und Zeichnungen ein zentrales Kommunikations- und Dokumentationsmittel. Sie halten das Gesagte während eines Planungsprozesses fest und sind sozusagen die Übersetzung gesprochener oder geschriebener Sprache in eine im wahrsten Sinne des Wortes bildhafte Sprache. Während Worte und geschriebene Sprache schnell(er) vergessen oder für Menschen, die nur schwer oder nicht lesen können, erst gar nicht zugänglich sind, prägen sich Bilder ein. Bilder sind grenzenloser und leichter verständlich; sie bieten die Möglichkeit, die zentralen Eigenschaften des Gesagten darzustellen und Unwichtiges weg zu lassen.

In der Zukunftsplanung sind Bilder Kommunikationsmittel und nicht Kunst.

Wichtigste Voraussetzung hierfür ist jedoch, dass diese Bilder von vornherein als Kommunikationsmittel und nicht als Kunstwerke verstanden und auch entsprechend gestaltet werden. Graphische Darstellung darf im Zusammenhang mit Persönlicher Zukunftsplanung nicht mit künstlerischem Zeichnen verwechselt werden. Graphische Darstellung dient vor allem dazu, Dinge in bildlicher Form so auf den Punkt zu bringen, dass die planende Person in den Bildern ihre Vorstellungen wieder findet und sich durch die Bilder an das Gesagte erinnern kann.

Nehmen wir das Beispiel vom Anfang: Ein Bild von einem Menschen und einem Hund beim Spazieren gehen. Wichtig ist nicht, dass man die Feinheiten der menschlichen Gestalt zeichnen kann oder den Hund so darstellen kann, dass jede Haarlocke zu erkennen, er anatomisch ‚korrekt' und hübsch gezeichnet ist. Wichtig sind nur jene Details, die sich jemand vorstellt, die oder der sich ein Bild von einer Person mit Hund beim Spazieren gehen wünscht: Ist die Person erwachsen oder ein Kind? Ist sie eine Frau oder ein Mann? Benutzt die Person einen Rollstuhl oder ist sie zu Fuß unterwegs? Ist die Person vielleicht blind und der Hund ein Führhund? Und wie ist das mit dem Hund:

Ist der Hund groß oder klein? Welche Farbe hat der Hund? Diese Einzelheiten müssen erfragt und dargestellt werden. Nur so ersetzt das Bild letztendlich Worte und bringt in seiner Gesamtheit das Gesagte auf den Punkt.

Die Übung macht's!

Übung macht die Meisterin und den Meister.

Von der Theorie zur Praxis: Auch Sie, die Sie vielleicht von sich denken, dass Sie nicht zeichnen können, können lernen, die Prozesse einer Persönlichen Zukunftsplanung in und mit Bildern festzuhalten!

Die wichtigsten Voraussetzungen, die Sie mitbringen sollten, haben erst einmal gar nicht so viel mit Zeichnen zu tun.

Sie brauchen einfach nur …

- eine gesunde Portion Mut und Lust aufs Zeichnen
- offene Ohren für das, was gesagt wird und tatsächlich gemeint ist
- Neugier, um wichtige Einzelheiten zu erfragen
- Mut zur Lücke und die innerer Einstellung, nicht perfekt sein zu wollen
- ein gute Portion Humor für die „missglückten“ Bilder
- gute Stifte, die Ihnen ‚liegen'
- eine ‚schnelle' Hand
- und schließlich: Übung, Übung, Übung …

Was bedeutet das nun im Einzelnen? Hier einige Tipps und Erfahrungen:

Haben Sie Mut und Lust aufs Zeichnen

Ohne das geht es nicht! Denn es gehört schon Mut dazu, nicht nur für sich selbst etwas zu zeichnen, sondern als die Person, die für die Dokumentation einer Persönlichen Zukunftsplanung verantwortlich ist, öffentlich und vor Publikum zu zeichnen.

Nur Mut!

Deshalb kann es durchaus hilfreich sein, schon vor dem „ersten öffentlichen Auftritt“ im Verborgenen zu üben.
Die besten Übungsmöglichkeiten bieten Sitzungen oder Vorträge, die man protokolliert: Warum neben der Sprache nicht auch gleich einmal probieren, welche Bilder einem zu einzelnen Punkten einfallen und diese dann aufs Papier bringen? Die Schnelligkeit, die oft in Sitzungen herrscht, macht anfangs noch Stress, bringt aber auch mit sich, dass man gezwungen wird, sich beim Zeichnen aufs Wesentliche zu konzentrieren, um die zentralen Aussagen bildhaft umzusetzen.

Ob mit oder ohne vorherigem privaten Üben, seine Sie mutig und nutzen Sie jede Möglichkeit, die sich Ihnen bietet, öffentlich zu zeichnen. Sei es, dass Sie während einer Sitzung das Gesagte an einem Flipchart auch bildlich festhalten. Sei es, dass Sie ein Protokoll mit Zeichnungen versehen, um die zentralen Aussagen auf den

Punkt zu bringen. Oder – wenn Sie gleich richtig in die Vollen gehen wollen – sei es, dass Sie einen Planungsprozess bildlich festhalten. Wie bei vielem Neuem sind die ersten Male am Schwierigsten. „Was werden die anderen sagen?", „Ich kann doch nicht zeichnen?" oder „Da fällt mir kein Bild dazu ein", sind nur einige der Gedanken, die einem dann durch den Kopf gehen. Aber mit der Zeit wird es leichter! Jetzt heißt es für Sie durchzuhalten, jede Gelegenheit zu nutzen, um öffentlich zu zeichnen und ab und an die anderen um Rückmeldung zu bitten, vorausgesetzt Sie sind sich sicher, dass Sie ehrliche jedoch nicht herablassende oder unnötige Kritik bekommen werden. Ihr Selbstbewusstsein und der Spaß am Zeichnen werden sich schnell steigern.

Halten Sie Ihre Ohren offen und seien Sie neugierig für das, was tatsächlich gesagt wird und gemeint ist

Worte in Bilder umsetzen zu können beginnt schon vor dem eigentlichen Zeichnen: Zunächst einmal müssen Sie offene Ohren für all das haben, was gesagt wird. Manchmal müssen Sie sogar zwischen den Zeilen „hören" können und auch die unausgesprochenen Zwischentöne wahrnehmen, um detektivisch alle wichtigen Details herauszufiltern und zu erfassen.

Hier sind ‚lauschende' Ohren und Neugier sogar erwünscht.

Als nächsten Schritt sollten sich die Worte in Ihrem Kopf in ein oder mehrere Bilder verwandeln. Und diese Bilder gilt es jetzt zeichnerisch umsetzen. **Aber halt!** Davor kommt ein weiterer, sehr wichtiger Schritt: Sie sollten Ihr Bild überprüfen lassen und sich dabei mit der planenden Person (und unter Umständen auch dem Unterstützungskreis) rückkoppeln.

Im Mittelpunkt stehen dabei zwei Fragen:

1. Was wird tatsächlich gesagt? Was ist damit tatsächlich gemeint?
2. Entspricht Ihre Idee für das Bild auch der Vorstellung der planenden Person?

Nehmen wir wieder unser Anfangsbeispiel mit dem Hund: Sie stellen sich bei dem Stichwort „Hund" vielleicht Ihren eigenen schwarzen Hund vor und würden versuchen, diesen zu zeichnen. Die planende Person verbindet mit ihrem Wunsch

nach einem „Hund“ aber die Vorstellung an einen mittelgroßen, rostbraunen Hund, an den sie sich von früher sehr intensiv erinnert. So einen Hund hätte sie gerne. Und die Person aus dem Unterstützungskreis, die das Thema „Hund“ auch noch aufgegriffen hat, hat vielleicht einfach daran gedacht, dass die planende Person ja ab und zu einmal mit dem weißen Pudel einer Nachbarin spazieren gehen könnte. Die Herausforderung beim Zeichnen besteht für Sie also vor allem darin, herauszuhören, zu erspüren oder zu erfragen, wie Sie Ihr Bild zeichnen müssen, um damit den Vorstellungen der planenden Person am nächsten zu kommen.

Zeigen Sie Mut zur Lücke und nehmen Sie sich die Freiheit, nicht perfekt sein zu wollen

Weniger ist mehr! Ihr eigener Stil ist gefragt.

Nein, das ist kein Widerspruch zum eben Gesagten, nämlich der unbedingten Suche nach Details. Während es bei der Suche nach Details vor allem um die Passgenauigkeit zwischen den Vorstellungen der planenden Person und Ihren Vorstellungen geht, ist mit „Mut zur Lücke“ vor allem Ihr Mut gemeint, einfach zu zeichnen, ohne von sich selbst künstlerische Glanzleistungen und im Ergebnis kleine Kunstwerke á la Picasso oder Rembrandt zu erwarten. Perfektionismus, vor allem künstlerischer Perfektionismus im Sinne einer realistischen perspektivischen Darstellung oder gelungenen Proportionen, ist fehl am Platz, und höchstens das Tüpfelchen auf dem „i“ für all jene unter uns, die nicht nur die Fähigkeit haben, Gesagtes graphisch darzustellen, sondern tatsächlich das Talent besitzen, künstlerisch zu zeichnen.

Nehmen Sie sich bei Ihrer graphischen Darstellung eines Planungsprozesses die Freiheit, nach ihren Fähigkeiten und in ihrem Stil zu zeichnen. Dazu gehört es, dass Sie für sich einen Stil entwickeln: Wie malen Sie am flüssigsten und schnellsten einen Menschen? Wie stellen Sie eine Frau, wie einen Mann dar, wie eine Person im Rollstuhl? Wie „zeigen“ Ihre Menschen Emotionen – wie schauen Sie glücklich, wie traurig? Welche Symbole entwickeln Sie für bestimmte Wünsche, zum Beispiel für Musik, für Reisen oder für Entspannen? Wie geht das, die Personen „auf den Boden“ zu stellen, damit sie nicht scheinbar frei auf dem Papier schweben?

Entwickeln Sie Ideen, schauen Sie sich die „Bildersprache“ an, die uns tagtäglich umgibt: Piktogramme / Symbole auf Schildern, Bilder in Kinderbüchern oder Spielen, Karikaturen und Kinderzeichnungen. Werden Sie zur Sammlerin oder Sammler dieser und ihrer Ideen, und entwickeln Sie daraus einen immer wachsenden Bilderschatz. Zeichnen Sie, probieren Sie aus, schauen Sie anderen über die Schulter, lassen Sie sich über die Schulter schauen und … üben Sie immer wieder.

Bringen Sie eine gute Portion Humor für scheinbar „missglückte“ Bilder auf

Nichts verunsichert einen mehr, als die Herausforderung, etwas graphisch darstellen zu sollen, von dem man vielleicht nur bedingt eine Ahnung hat, wie es denn aussieht, geschweige denn, wie man es zeichnen könnte. Bei mir sind das oft Tiere, aber auch so manches technische Gerät hat mich schon ins Schwitzen gebracht.

Mit Humor geht alles besser – auch und gerade die größte zeichnerische Herausforderung.

Aber es gibt eine noch größere Verunsicherung: das Ganze auch noch öffentlich, vor Publikum und sozusagen „live“ und ohne doppelten Boden zu zeichnen. Und so gehört es fast schon dazu, dass man das eine oder andere Bild nur annähernd so gestaltet bekommt, dass auch die anderen Personen – allen voran die planende Person – erkennen können, was man da gerade versucht darzustellen.

Deshalb hier die wichtigsten Tipps für diese Fälle:

1. Lassen Sie sich nicht aus der Ruhe bringen – immerhin zeigen Sie den Mut, die herausfordernde Aufgabe der graphischen Darstellung eines Persönlichen Planungsprozesses zu übernehmen.

2. Zeigen Sie eine gute Portion Humor bei Missgeschicken, z.B. einem Hund, der wie ein Roboterhund aussieht, weil er sich aus zwei Rechtecken mit zwei Beinen zusammensetzt. Das hilft Ihnen weiter, heitert die Runde auf und bringt die planende Person und den Unterstützungskreis vielleicht sogar dazu, eigene Bilderideen einzubringen oder kurzzeitig malend einzuspringen. Und ganz nebenbei wird die graphische Darstellung vielleicht sogar zu einem gemeinsamen Spiegel des Planungsprozesses.

3. Bei so manchen, vielleicht besonders kniffeligen Bildern kann auch erst einmal ein leerer Platz – mit einem Platzhalter in Form von Worten – „stehen" bleiben. Dieser leere Platz kann und sollte dann später – in der Pause oder auch in den nächsten Tagen – durch die Zeichnung(en) anderer Personen oder mit einem passenden Foto gefüllt werden.
4. Und übrigens, natürlich sind auch bei der graphischen Darstellung Worte erlaubt. Auch Bilder haben Grenzen, nicht alles lässt sich in Bildern ausdrücken; oft erklären oder unterstreichen Worte das Gesagte beziehungsweise sind die einzige Möglichkeit des Festhaltens.

Besorgen Sie sich gute Stifte, die Ihnen ‚liegen'

Gutes Handwerkszeug gehört dazu.

Auch bei der graphischen Darstellung gilt:
Gutes Handwerkszeug ist wichtig. Deshalb gilt es zunächst einmal, die für Sie passenden Stifte zu finden. Probieren Sie verschiedene Stifte aus: Welche liegen Ihnen gut in der Hand? Gefällt Ihnen die Farbauswahl und sind die Farben kräftig? Helle Farben eignen sich zum Beispiel nur bedingt. Sind Ihnen dünne oder dicke Stifte lieber – welche kann man auf welchem Papier am besten sehen? Vertragen sich Papier und Stifte – und haften die Stifte auf dem ausgewählten Papier? Mögen Sie lieber Filzstifte oder Wachsmalkreiden?

Auch die Wahl des Papiers ist wichtig: Wie stark und reißfest ist das Papier? Hat es Linien zur Orientierung oder stören Sie diese Linien gar? Ist das Papier dunkel (zum Beispiel Packpapier) und sind dann die Stifte dafür kräftig genug? Oder ist das Papier hell / weiß (zum Beispiel Zeichenblöcke, Flip-Chart-Papier, die Rückseite alter Tapeten, die Endrolle von Zeitungspapier oder weiße Papiertischdecken) und die Farbigkeit der Stifte spielt keine ganz so große Rolle? Und natürlich die Frage nach der Größe des Papiers: Reicht DIN A4 Papier, weil die planende Person gerne einen „übersichtlichen" Plan haben möchte oder soll die graphische Darstellung gerade groß sein, sodass eine Packpapierrolle genau das Richtige wäre?

**Hier jetzt noch einige Tipps und Ideen,
denn aus Erfahrung wird man klug, oder:
„Warum Fehler doppelt begehen!“:**

1. Sollten Sie das Papier für die graphische Darstellung zum Zeichnen an einer Wand befestigen, prüfen Sie vorher, ob Ihre Stifte – besonders Filzstifte – durch das Papier malen. Eine graphische Darstellung soll zwar für die Zukunft sein, ob sie sich aber auf Tapete – unauslöschlich sozusagen – so gut macht, bleibt fraglich. Falls Sie unsicher sind, investieren Sie lieber in 2 Lagen Papier.
2. Falls Sie das Papier zum Zeichnen an einer Wand befestigen, besorgen Sie sich sehr gutes Kreppband (für mich hat sich das breite Kreppband zum Abkleben beim Tapezieren bewährt). Geben Sie lieber einige €uro mehr aus; denn nichts ist störender, als Papier, das während des Planungsprozesses von der Wand fällt. Aber Vorsicht: Auch wenn Teppichklebeband oder Paketband viel besser haften, sie haften auch dann noch sehr gut, wenn Sie es nicht mehr wollen und vergeblich versuchen, das Papier wieder von der Wand zu nehmen!
3. Befestigen Sie die Kreppband-Klebestreifen aus der Ecke des Papiers heraus nach außen. Das gibt den sichersten Halt für die anfälligen Eckpunkte. Zusätzlich können Sie noch oben und unten sowie an beiden Seiten Klebestreifen anbringen.

Vergessen Sie nicht, die planende Person vor Beginn des Planungsprozesses nach ihren Lieblingsfarben fragen, aber auch der oder den Farben, die sie überhaupt nicht mag. Eine Persönliche Zukunftsplanung ist eine sehr persönliche Sache, die graphische Darstellung als eine Methode der Dokumentation ist neben dem, was durch die Zukunftsplanung tatsächlich in Gang gebracht wird, oft eine sehr wichtige Erinnerungshilfe für die planende Person – und so sollten auf jeden Fall farbliche Vorlieben und Abneigungen beachtet werden. Während und vor allem nach dem Planungsprozess soll die graphische Darstellung etwas sein, das immer wieder gerne angeschaut wird, das anregt, erinnert aber auch den Blick gerne nach vorne werfen lässt. Hier kann es von der einen oder anderen Person sehr wohl als hinderlich oder gar negativ empfunden werden, wenn Sie – vielleicht sogar unwissentlich – eine falsche Farbe benutzt haben.

Zum Abschluss noch ein weiterer Tipp: Bringen Sie selbst, die planende Person oder jemand aus dem Unterstützungskreis eine Kamera mit. Zum einen können so – wenn das gewünscht wird – schon während des Planungsprozesse Situationen fotographisch festgehalten werden, aber noch viel wichtiger: Die graphische Darstellung des Planungsprozesses kann am Ende fotografiert werden. Das gibt Ihnen zum einen die Möglichkeit, allen Teilnehmern und Teilnehmerinnen des Planungsprozesses später Bilder des Gesagten und Dokumentierten geben zu können, vor allem aber haben Sie durch die Fotos eine Art „Sicherheitskopie“ der graphischen Darstellung. Leider passiert es immer wieder, dass ein Bild oder Plakat verloren oder kaputt gehen, die Farben einfach nach einer gewissen Zeit verblassen oder aber ein Glas Wasser aus Versehen darüber verschüttet wird.

Eine ‚schnelle' Hand hat es leichter

So manch Eine oder Einer erinnert sich vielleicht noch an den Schnellzeichner Oskar aus der Sendung „Dalli, Dalli“. Seine Fähigkeit, Dinge einerseits mit sehr wenigen Strichen und dazu noch in großer Geschwindigkeit treffend zu zeichnen, hat ihn bekannt gemacht und würde ihn zumindest in diesen beiden Bereichen zu einem geeigneten Moderator für die graphische Darstellung von Planungsprozessen machen. An ihm messen sollten Sie sich nicht, aber er hat mit seiner Art des Zeichnens gezeigt, dass oft nicht viele Striche notwendig sind, etwas darzustellen und dass eine ‚schnelle' Hand durchaus keinen Verlust an Qualität sein muss.

„Dalli, dalli“ – In Maßen ein guter Vorsatz fürs Zeichnen.

Je schneller Sie es schaffen, etwas mit wenigen Strichen (grob) darzustellen, umso mehr Zeit bleibt Ihnen letztendlich, der planenden Person und dem Unterstützungskreis zuzuhören, um die tatsächliche wichtigen Dinge zu erfassen und weiter dokumentieren zu können. Verlieren Sie sich nicht in Details; wenn Ihnen oder der planenden Person diese jedoch wichtig sind, nehmen Sie sich später noch einmal Zeit und fügen sie die Details nachträglich in die Bilder ein.

Und schließlich der letzte Tipp:
Üben Sie, üben Sie, üben Sie.

Am besten holen Sie sich jetzt gleich einige leere Blatt Papier, einen Stift, mit dem Sie gerne zeichnen … und dann legen Sie los.

Da war doch noch was?
Ach ja, üben, üben, üben.

Denn: Punkt, Punkt, Komma, Strich –
Ein Bild wird es sicherlich.
Viel Spaß und entdecken Sie Ihre Fähigkeiten!

Literatur (nur eine Auswahl!)

Agerbeck, Brandy: Der Wegweiser für den Graphic Facilitator. Eichenzell: Neuland, 2013.

Autor unbekannt: bikabolo® sketchbook. Skizzenbuch mit visuellen Vorlagen und Übungen. Vertrieb: Neuland.

Haußmann, Martin: bikabolo® – das Trainerwörterbuch der Bildsprache. Eichenzell: Neuland, 2006.

Haußmann, Martin: bikabolo® 2.0 – das Trainerwörterbuch der Bildsprache – Teil 2: Neue Bilder für Meeting, Training & Learning / New Visuals for Meeting, Training & Learning. Eichenzell: Neuland, 2009.

Haußmann, Martin: bikabolo® emotions. Visuelles Wörterbuch. Hrsg.: Kommunikationslotsen, 2011. Vertrieb: Neuland.

Langenscheidt-Redaktion (Hrsg.): OhneWörterBuch – 550 Zeigebilder für Weltenbummler. München: Langenscheidt, 2010.

McAllister, Charlie: Graphic Facilitation – Drawn to Communicate. Birmingham: New Possibilities, 2009.

Nitschke, Petra: Bildsprache. Formen und Figuren in Grund- und Aufbauwortschatz. Bonn: managerSeminare Verlags GmbH, 2012.

Pearpoint, Jack: Hints for Graphic Facilitators. Toronto: Inclusion Press, 2002.

Pons: Zeige-Wörterbuch. Mit über 500 Abbildungen. Einfach auf alles zeigen. Stuttgart: Pons, 2009.

Rachow, Axel: Sichtbar. Die besten Visualisierungs-Tipps für Präsentation und Training. Bonn: managerSeminare Verlags GmbH, 4. Aufl. 2011

Sonneman, Milly R.: Beyond Words. A Guide to Drawing Out Ideas. Berkeley: Ten Speed Press, 1997.

Ulrich, Stephan: Menschen grafisch visualisieren. Paderborn: Junfermannsche Verlagsbuchhandlung 2009

Es gibt noch viel mehr Bücher auf dem Markt, es lohnt sich also, selbst einmal zu stöbern und sie zu entdecken!

Persönliche Zukunftsplanung

Dazu gehört ... | Es geht (dar)um ... | Es erlaubt ...

... Kreativität	... Erfolge zu feiern	... fortgesetzt Lösungen für Probleme zu finden	... mensch-liche Beziehun-gen	... schnelle (Ver) Änderungen aushalten zu können	... aus Vergangenem und Fehlern zu lernen um eine bessere Zukunft aufzubauen	... Mut sich selbst und die eigenen Lebens-situation zu hinterfragen
... harte Arbeit und Anstren-gung	... Mut zum Optimismus zu bekräfti-gen	DAS ZIEL VOR AUGEN ZU BEHALTEN: FREUND-SCHAFTEN BEZIEHUNGEN GEMEIN-SCHAFT	... Schmerzen, Leiden und Ängste zu benennen und anzuerkennen	... gemeinsame Problem-bewältigung	... einander zuzuhören und Neues zu hören	... (Wunsch) Träume zu wecken und am Leben zu erhalten
... Spannun-gen auszu-halten	... um Hilfe zu fragen und Hilfe annehmen zu können	... Engage-ment	... Spass	... Offenheit vor sich selbst und vor anderen	... mutig den eigenen Sicher-heitsbereich zu verlassen, NEUE Wege einzu-schlagen und zu HANDELN	... Offenheit gegenüber unkonventio-nellen Lösungswegen

Persönlicher Zukunftsplan für........

Stärken, Fähigkeiten	persönliche Ziele, Träume
berufliche Vorerfahrungen	mögliche Arbeitsplätze
was funktioniert für mich / was funktioniert nicht für mich	Wer kann helfen? Welche Mittel/ Ressourcen stehen zur Verfügung?

Aktionsplan			
Ziel	**nächster Schritt**	**wer**	**bis wann**

Persönliche Zukunftsplanung für ____________________

Das Treffen fand am ______________ im____________________ statt.

Dabei waren:

Name Beziehung zum Planenden Adresse/Telefon

1.
2.
3.
4.
5.
6.
7.
8.
9.
10.

Wer ist Ansprechpartner für die weitere Planung / Durchführung des Aktionsplanes?

MAPS

MAPS fragt:

Welche Gaben & Talente, die Ihr höchstes Potential ausmachen, können Sie (als planende Person) einbringen und zur Gemeinschaft beitragen?

Die 6 Schritte von MAPS:

1. Hören Sie die Geschichte der planenden Person
2. Wertschätzen Sie ihren Traum
3. Kennen Sie den Albtraum
4. Benennen Sie Gaben
5. Sagen Sie, was es braucht, damit die Person ihre Gaben einbringen kann
6. Verständigen Sie sich auf Aktionen

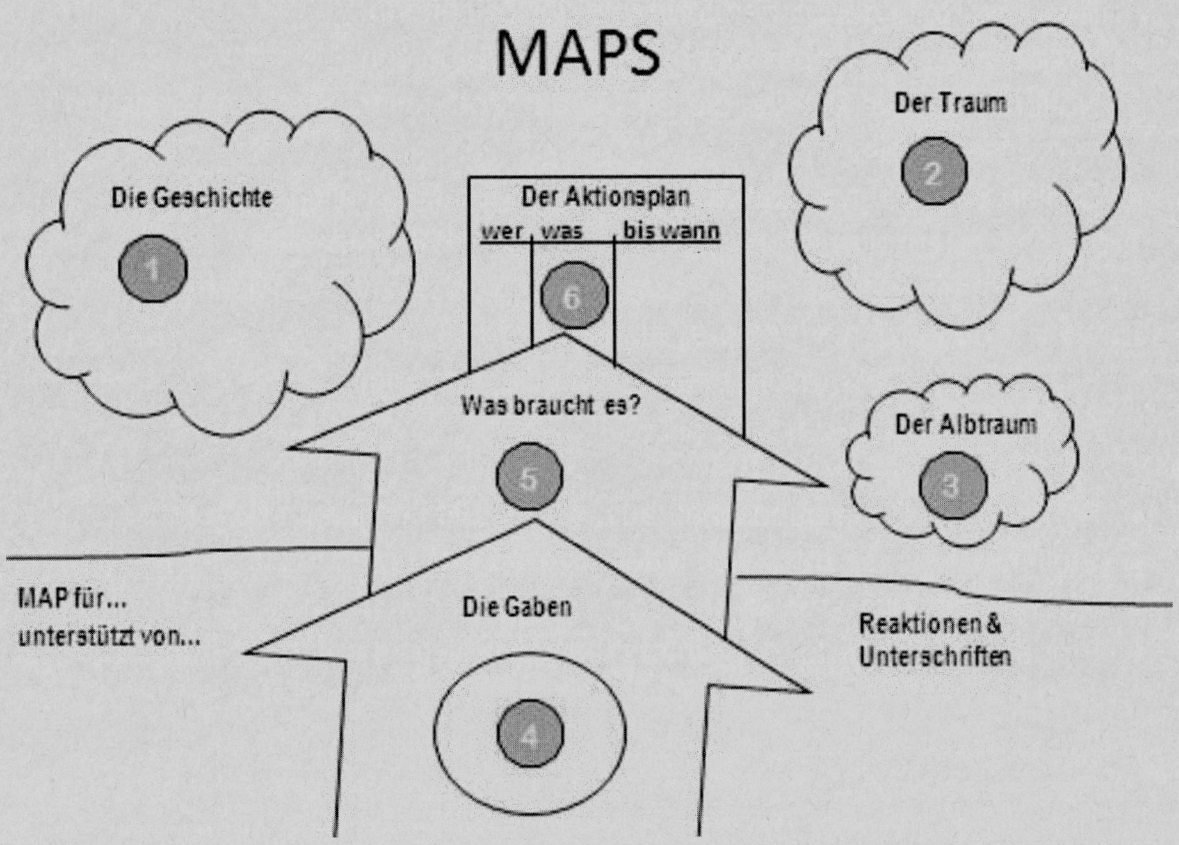

MAPS

Eigene Vorbereitung eines MAPS-Treffens

Die ModeratorIn und die ZeichnerIn sollten sich ein paar ruhige Minuten gönnen, um sich auf das Treffen einzustimmen.

- Beginnen Sie sich auf das Treffen, die Hauptperson, die Themen und TeilnehmerInnen sowie den Ablauf mit einem offenen Herzen und offenen Bewusstsein einzustellen.
- Stellen Sie das bestmögliche Ergebnis des Treffens für die Hauptperson, den Unterstützungskreis und sich vor.
- Verbinden Sie das Treffen mit Ihrem Anliegen, sich als ModeratorIn oder ZeichnerIn weiter zu entwickeln.

Vorbereitungstreffen MAPS

Die ModeratorIn und die ZeichnerIn sollten sich treffen, um sich auf das Treffen vorzubereiten

- Tauschen Sie Ihre Bilder über das bestmögliche Ergebnis des Treffens aus.
- Gehen Sie die einzelnen Schritte von MAPS durch und identifizieren Sie die jeweilige Rolle der ModeratorIn und der ZeichnerIn.
- Notieren Sie alle Anpassungen für die Hauptperson.
- Notieren Sie alle Punkte, die Sie bei der Moderation oder dem Zeichnen verbessern wollen.
- Stellen Sie sicher, dass Sie alle notwendigen Materialien haben:
  - Papier(rolle), große Schere/ Cutter und Klebestreifen
  - Farbige Marker, ggf. Pastellkreide, Tücher zum Verwischen von Farben, Haarspray zum Fixieren
  - Musik, Dekoration, bedeutsame Gegenstände

Vorbereitung des Raumes

- Strahlen Sie Gastfreundschaft aus, sobald Sie den Raum betreten.
- Stellen Sie sicher, dass sich jedes Mitglied des Unterstützungskreises willkommen fühlt.
- Fragen Sie Mitglieder des Unterstützungskreises Ihnen beim Aufbau zu helfen.
- Die Orientierungsposter mit dem Ziel des Treffens, dem Ablauf und den Gesprächsregeln können vorher vorbereitet werden. Aber: sie während des Planungstreffens zu erstellen, bezieht die Personen mehr ein.

MAPS

- Das MAPS-Poster wird aufgehängt, mit gelben Umrisslinien werden die Formen vorgezeichnet. Rechts und links hängt jeweils ein Flipchartpapier für Brainstorming und erste Skizzen.
  Die gelbe Umrisslinie der Formen des MAPS Prozesses ist eine Hilfe für die ZeichnerIn und nicht wirklich sichtbar, außer man steht direkt vor dem Plakat.
- Die Stühle werden in U-Form aufgestellt, bei vielen TeilnehmerInnen in konzentrischen U's. Stellen Sie sicher, dass von jedem Platz aus die Plakate sichtbar sind und RollstuhlfahrerInnen ggf. genug Platz haben.
- Stellen Sie sicher, dass die Hauptperson alle Bilder, Plakate, Objekte oder Musik, die sie mitgebracht hat, am richtigen Ort einsatzbereit hat.
- Stellen Sie mit der GastgeberIn sicher, dass alle anderen Vorbereitungen (z.B. Getränke, Snacks) fertig sind.
- Atmen Sie tief durch und erinnern Sie sich, dass jeder Schritt in diesem Prozess einen offenen Raum rahmt. Lassen Sie sich die weiße Fläche eine Erinnerung sein, ohne vorgefasste Meinungen offen für Möglichkeiten zu sein.

Anordnung MAPS

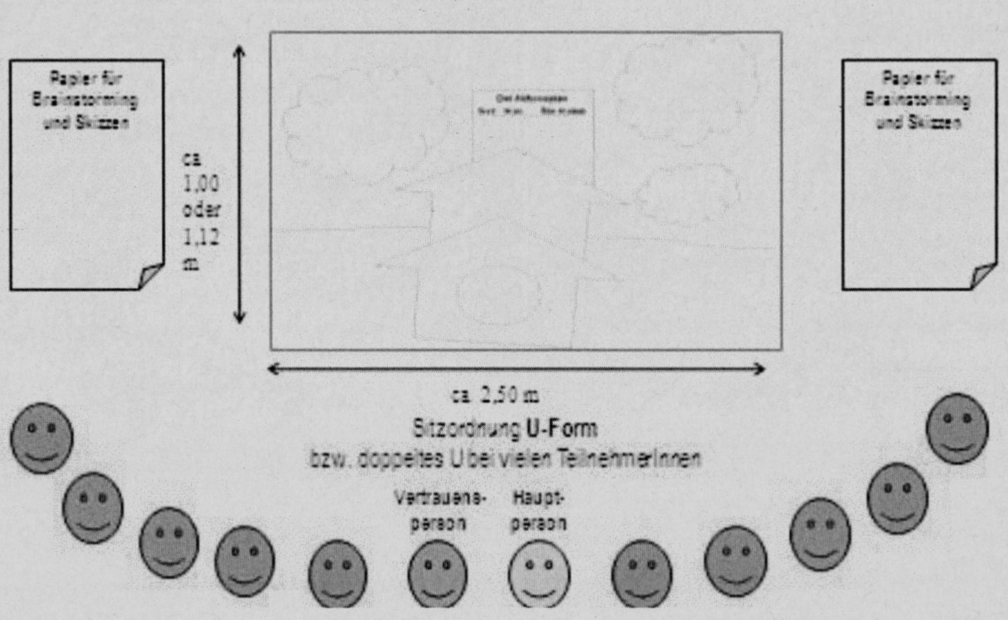

MAPS

Orientierungsposter MAPS

Zielsetzung

Die Gaben von ____________ zu benennen und zu überlegen, was notwendig ist, damit die Gemeinschaft sie empfangen kann.

Ablauf

- Begrüßung
- die Geschichte der Person erzählen
- den Traum der Person würdigen
- den Albtraum der Person kennen
- Gaben und Talente erkunden und benennen
- herausfinden, was es braucht, um diese Gaben empfangen zu können
- sich zu Handlungen zu verpflichten
- Abschluss des Treffens

Grundregeln

____________ ist hier um ihre Gaben zu benennen, die sie in ihrer Gemeinschaft beitragen kann. Die Anderen sind hier, um sie zu unterstützen.

Wir erkennen, dass wir keine Gaben benennen können ohne genau zuzuhören, und dass wir unsere gegenseitige Unterstützung benötigen, um bessere Zuhörer zu werden.

Wir werden zwischendurch verlangsamen, um mehr Zeit zum Denken zu haben.

Wir erwarten, dass es zwischendurch unübersichtlich und unordentlich sein kann.

Wir gehen respektvoll miteinander um, heißen neue und andere Ideen mit Neugierde willkommen und bedenken sie.

Wir sind ehrlich „ja“ oder „nein“ zu sagen, wenn wir uns zum Handeln entschließen.

Wir kümmern uns umeinander.

MAPS

Beginnen Sie das MAPS-Treffen

Ziel dieser Phase: Die Menschen im Unterstützungskreis versammeln, Erwartungen an das Treffen klären, den MAPS Prozess erläutern und Rollen klären.

- Laden Sie die Hauptperson ein, einen Platz in der Mitte des Halbkreises direkt vor dem Plakat einzunehmen. Die Hauptperson darf jetzt ihrerseits Personen einladen, die neben ihr oder dicht dabei sitzen sollen.
- Die Hauptperson oder eine SprecherIn eröffnet das Treffen, indem sie die TeilnehmerInnen herzlich begrüßt und kurz die Zielsetzung der MAPS Prozesses heute erläutert.
- Die ModeratorIn bittet die restlichen TeilnehmerInnen, sich kurz mit ihrem Namen vorzustellen und eine Antwort auf die Frage zu geben *„Warum ist es für mich wichtig heute hier zu sein“.* Es beginnen die TeilnehmerInnen, die am dichtesten bei der Hauptperson sitzen. Die ZeichnerIn notiert den Namen jeder Person in der linken unteren Ecke des Plakates unter dem heutigen Datum.
- Die ModeratorIn und ZeichnerIn stellen sich vor, beantworten die Frage und erläutern kurz ihre Rolle während des Treffens.
- Die ModeratorIn wiederholt kurz die Zielsetzung des Treffens und nimmt Bezug auf das Eingangsstatement der Hauptperson und erläutert anhand der Grafik und dem Übersichtsplakat kurz den Prozess.
- Die ModeratorIn erläutert die Gesprächsgrundregeln und bittet die TeilnehmerInnen um Zustimmung.

1. Hören Sie die Geschichte der Person

Ziel dieser Phase: Es geht darum, Momente aus dem Leben der Hauptperson erzählen zu lassen, die für sie mit einer Botschaft oder einer Frage verbunden sind, die ihr im Moment wichtig sind.

- Das MAPS-Treffen bietet die Gelegenheit einen Moment innezuhalten und nachzudenken, da die Hauptperson vor Veränderungen steht. Die können groß sein, wie ein Übergang in einen neuen Lebensabschnitt, oder eher subtil, wie die persönliche Entscheidung etwas anderes auszuprobieren, oder ein unbestimmtes Gefühl, dass bisherige Dinge ihren Sinn verloren haben.
- Die ModeratorIn bittet die planende Person drei kurze Geschichten aus ihrem Leben zu erzählen, die etwas mit ihren aktuellen Veränderungen zu tun haben. Zwei der drei Geschichten sollen eine Botschaft aus der

Vergangenheit sein, die dritte Geschichte etwas erzählen, was die planende Person jetzt erlebt. Sie soll nicht lange über die Geschichten grübeln, sondern sie einfach erzählen und sich entwickeln lassen.

- Die ModeratorIn erinnert den Unterstützungskreis daran, dass es bei den ersten drei Schritten von MAPS die Rolle der TeilnehmerInnen ist, der planenden Person wertschätzend und einfühlend zuzuhören.
- Die ZeichnerIn notiert sich schnell Worte oder Bilder aus den Geschichten auf einem Skizzenblatt links vom Plakat. Nach den drei Geschichten holt die Zeichnerin die planende Person links von dem Plakat. Er fasst seine Notizen und Bilder zusammen und fragt sie, welches Bild sie am besten an den beschriebenen Moment erinnert. Dieses wird dann gezeichnet bzw. der planenden Person die Möglichkeit gegeben, Teile oder alles selbst zu zeichnen. Die Bilder sollen lebendig sein, aber keine ausgefeilten Kunstwerke.

2.Wertschätzen Sie den Traum

Ziel dieser Phase: Die Bilder von dem Traum der planenden Person sollen helfen, die persönlichen Gaben besser zu identifizieren.

- Träume drücken unsere persönliche Identität, unsere persönliche Vision und Bestimmung.
- Laden Sie die planende Person ein, rechts vor dem Plakat zu stehen, ein paar ruhige Atemzüge zu machen und dem Traum Stimme zu geben. *„Unsere tiefsten Träume erzählen uns etwas Wichtiges darüber, wer wir sind, was unsere Bestimmung im Leben ist, was wir in unsere Welt, unser Land, unsere Gemeinde, unsere Familie und zu unseren Freunden bringen sollen. Manchmal verlieren wir den Kontakt mit unseren Träumen; unsere Wünsche perfekt oder reich oder berühmt zu sein oder viele Dinge zu besitzen, können unsere Träume verdecken. In diesen Momenten können wir uns selbst fragen: ‚Was ist mein Traum? Was möchte ich wirklich in meinem Leben? ‘ und warten ruhig auf die Bilder und Antworten, die uns dazu kommen.“*
- Die ZeichnerIn unterstützt die Person ein Bild zu entwickeln, das ihrem Traum entspricht. Die Fragen der ZeichnerIn auf den anderen Folien können dabei helfen.
- Wenn das Bild die planende Person zufrieden stellt, fragen Sie die Person, was sie ihr Traum über ihre Gaben lehrt.

Unsere Wünsche sind die Vorgefühle der Fähigkeiten, die in uns liegen,
Vorboten desjenigen, was wir zu leisten imstande sein werden.
Johann Wolfgang Goethe

MAPS

Tipps zum Umgang mit Träumen

- Manchmal kommen Träume in einfachen Worten: eine gute Mutter zu sein und zu sehen, dass es die Kinder zurückgeben; Geld und Zeit zu spenden, um Leiden zu lindern; ein guter Mensch zu sein. Das ist ok. Die Aufforderung *„Erzählen Sie uns, wie das für Sie aussieht.“* hilft häufig das Bild weiter zu entwickeln.
- Manchmal sind Träume der Wunsch, dass Albträumen verschwinden: genug Geld zu haben, so dass ich mich nicht mehr sorgen muss; ein neues Haus zu haben; jemand zum Liebhaben zu haben. Das ist ok. Bei der Entwicklung des Bildes kommt dann oft mehr zum Vorschein, was diese mit der Bestimmung der Person zu tun hat. Fragen wie *„Erzählen Sie uns, was daran besonders bedeutend für Sie ist“* oder spezifischere Nachfragen wie *„Was wird in diesem neuen Haus passieren, nachdem Sie eingezogen sind.“* können den Kern der Träume verdeutlichen.
- Manchmal kommen Träume als Bilder, die nicht sofort Sinn für die planende Person machen. Wertschätzen Sie den Traum und versuchen Sie so viel wie möglich von dem Bild festzuhalten. Fragen Sie dann die planende Person nach ihren Reflektionen. Wenn es mysteriös bleibt, lassen Sie es so stehen.
- Manchmal sind Träume in sehr spezifische Wünsche gepackt „Mein Traum ist es nach Disneyland zu fahren“ oder „Ich möchte in der Lotterie gewinnen“. Häufig gehen die Antworten weiter, wenn man nachfragt, was das wichtigste an diesem Wunsch ist oder was der Wunsch darüber aussagt, was sie vom Leben möchten. Sehr selten ist der Wunsch nach einer Sache alles, was zu diesem Zeitpunkt kommt. Wertschätzen Sie dies und gehen Sie zum nächsten Schritt.

*„Nenne dich nicht arm, wenn ein Traum nicht in Erfüllung gegangen ist.
Arm ist nur, wer nie geträumt hat“*
Marie Ebener-Eschenbach

Fragen der ZeichnerIn

Um die Hauptperson einzubeziehen

- Welche Farben soll ich nutzen?
- Wie sieht das aus?
- Wo (auf das Papier zeigen) möchten Sie das Bild?
- Neben was soll ich dies zeichnen?
- Gibt es ein Detail, das fehlt, damit das Bild lebendig wird?
- Sie wollen gerne ____________ sehen.
  Würde das so ______ oder so ________ oder wie aussehen?

MAPS

Um die Verbindung mit anderen Beiträgen und Bildern zu testen

- Womit verbinden Sie das? Sollen wir eine Verbindung mit einem Pfeil zeichnen ... oder indem wir einen Kreis darum zeichnen ... oder indem wir dieselbe Farbe benutzen?
- Wer könnte sonst noch mit Ihnen da sein?
- Wir haben gehört, dass Sie oft _______ erwähnt haben.
  Soll _______ auch da sein?
- _______ war Ihnen hier sehr wichtig (zeigen).
  Ist dies auch noch an anderer Stelle wichtig?
- Sie sagten: _________ ist ein wichtiger Ort für Sie.
  Ich bin ein bisschen überrascht, dass da kein ________ bisher ist.
  Ist das nur mein Gefühl oder soll ich _______ noch hinzufügen?

3. Kennen Sie den Albtraum

Ziel dieser Phase: Zu erkennen, was der Albtraum über die Punkte der Verletzlichkeit und die Gaben der Person ausdrückt.

- Der Albtraum ist die Bezeichnung für die schlimmste Möglichkeit mit der sich die planende Person konfrontiert sieht. Es drückt etwas aus, was zutiefst unerwünscht ist, Abscheu und Ängste hervorruft. Der Albtraum wird identifiziert, um zu erkennen, was für die planende Person auf dem Spiel steht und den Mut der planenden Person und der Vertrauten zu würdigen, den sie braucht, um sich den Ängsten zu stellen und ihre Gaben in den Dienst ihres Traums und der Gemeinschaft zu stellen.
- Laden Sie die planende Person ein, ein paar ruhige Atemzüge zu machen und dann den Albtraum zu identifizieren. *„Der Albtraum steht für das, was wir verhindern wollen, weil er uns um das betrügen würde, was wir sind, es ist der Ort an dem wir fürchten zu enden, weil dort das, was uns wichtig ist, verloren wäre; aus diesen Erfahrungen wollen wir einen Ausweg finden, da wir uns so gefangen und ohnmächtig fühlen."*
- Nachdem die planende Person ihren Albtraum benannt hat, fragt die ZeichnerIn nach einem einfachen Bild, das die Gegenwart des Albtraums ausdrückt. Dies können ein oder ein paar Worte kombiniert mit einer einfachen Form sein.
- Wenn das Bild fertig ist, bietet die ZeichnerIn der planenden Person an, um den Albtraum mit einer Farbe eine Grenze zu malen.
- Fragen Sie die Person, was sie ihr Albtraum über ihre Gaben lehrt.
- Geben Sie den Mitgliedern des Unterstützungskreises positive Rückmeldung und danken Sie ihnen, dass sie die planende Person durch ihr Zuhören unterstützt haben. Geben Sie den Mitgliedern des Unterstützungskreises Raum für wertschätzende Rückmeldungen.

Tipps im Umgang mit Albträumen

- Der Punkt ist, den Albtraum anzuerkennen, nicht darin zu bohren. Widerstehen Sie der Versuchung ihn zu vergrößern, indem Sie die planende Person auffordern, davon zu erzählen, wieso der Albtraum so ist wie er ist oder wie er sich für sie anfühlt. Versuchen Sie nicht, den Albtraum zu hinterfragen oder ihn der Person auszureden. Lassen Sie auch nicht die Mitglieder des Unterstützungskreises ihre Albträume für die Person ausbreiten. Lassen Sie den Ausdruck des Albtraums so, wie ihn die Person ausdrückt, stehen.
- Belassen Sie die Bilder des Albtraums als simple Umrisse und mit wenigen Worten.
- Menschen wählen unterschiedliche Grenzen um ihre Albträume. Einige mauern ihre Albträume ein, andere öffnen einen Weg zwischen Albtraum und Traum.
- Achten Sie darauf, dass die wertschätzende Rückmeldung des Unterstützungskreises sich nicht in Ratschläge, Kritik oder Versuche einer kurzen Therapie verkehren.

Was sind Gaben?

- Gaben sind die Beiträge einer Person, die einen Unterschied für andere Menschen machen und etwas tief in dem Gebenden befriedigen, wenn sie sich entwickeln und einen Ausdruck finden. Gaben sind von Person zu Person unterschiedlich. Wenn eine Person ihre Gaben einbringen kann, drückt sie ihren einzigartigen Fingerabdruck auf die Dinge, die passieren. Gemeinschaft wächst, in dem wir unterschiedliche Gaben in einer Gruppe (an-)erkennen und miteinander verknüpfen. Gaben, die sich aus dem Traum der Person, ihrer Bestimmung speisen, stillen den Hunger nach Bedeutung. Eine Person, die den Mut hat, ihre Gaben weiterzuentwickeln und zu geben, wird einzigartiger sie selbst.
- Gaben zu haben bedeutet nicht unbedingt der Beste darin in der großen, weiten Welt zu sein. Manche Gaben machen einen positiven Unterschied für kleine Kreise von Menschen: die Familie oder ein paar KollegInnen. Manche Gaben erreichen viele. Alle Gaben sind der Ausdruck der einzigartigen Weise des Seins jeder Person.
- Gaben verkümmern, wenn sie nicht gesehen, vernachlässigt oder nicht empfangen werden. Gaben stellen Ansprüche: Seine Gaben zu entwickeln kann Disziplin und Opfer erfordern, Gaben zu verteilen kann riskant und kostspielig sein. Es kann frustrierend sein, keine

Möglichkeiten zu haben seine Gaben einzusetzen, und Angst kann die Menschen von ihren Gaben trennen. Deshalb ist es so wichtig, für eine Gemeinschaft Gaben zu erkennen und wertzuschätzen, und uns gegenseitig zu helfen, Verantwortung für unsere Gaben zu übernehmen.

- Über die eigenen Gaben zu reden, macht manche Menschen schüchtern. Sie fürchten, sie klingen angeberisch. Manche fürchten aber auch, dass andere sie abwerten, wenn sie ihre Gaben benennen. Die beste Ermutigung geschieht durch ein achtsames Zuhören, in dem ein echtes Interesse an den Gaben der Person gezeigt wird.

4. Benennen Sie Gaben

Ziel dieser Phase: Die Gaben der planenden Person zu benennen und Verantwortung für sie zu übernehmen: Wodurch macht die planende Person einen positiven Unterschied im Leben von anderen Menschen?

- Bitten Sie den Unterstützungskreis leise über ihre Antworten zu diesen Fragen nachzudenken:
  - *Wenn die planende Person in Bestform ist, was bringt sie zu anderen, was trägt sie bei?*
  - *Wie macht die planende Person einen positiven Unterschied?*
  - *Was lässt die Augen der planenden Person leuchten? Was tut sie, wenn sie am lebendigsten ist?*
  - *Wenn Sie an die ganze Person denken, welches Wort oder welchen Ausdruck würden Sie wählen, um die charakteristischen, unverkennbaren Gaben der Person zu beschreiben?*
- Bitten Sie die TeilnehmerInnen des Unterstützungskreises die gewählten Wörter oder Sätze zu sagen. Die ZeichnerIn notiert diese auf dem Skizzenblatt neben dem Poster. Die TeilnehmerInnen können ihre Worte auch jeweils auf ein Post-it schreiben, die dann in ein kleines Körperumrissbild neben dem Poster geklebt werden.
- Fragen Sie die planende Person:
  - *Wie ist es für Sie, diese Worte zu hören?*
  - *Was würden Sie gerne hinzufügen?*
- Fragen Sie den Unterstützungskreis: *„Was sind die Schlüsselbegriffe, die diese Liste zusammenfassen?". Die* ZeichnerIn notiert diese im Pfeil um den Kreis.
- Die ModeratorIn und die ZeichnerIn arbeiten nun mit der planenden Person daran, im inneren Kreis ein Bild zu schaffen, das für die Gaben der Person steht.

MAPS

5. Was braucht es?

Ziel dieser Phase: Herauszufinden, was notwendig ist, damit andere die Gaben der planenden Person empfangen kann.

- Bitten Sie den Unterstützungskreis über diese Punkte nachzudenken:
  – *Wo sind die Gaben der planenden Person am willkommensten?*
  – *Welche Rolle oder Rollen werden es der planenden Person ermöglichen ihre Gaben einzusetzen?*
  – *Welche Erwartungen werden die planende Person am besten ermutigen, ihre Gaben zu geben?*
  – *Braucht die planende Person irgendwelche Unterstützung, um ihre Gaben geben zu können und wenn ja, was ist für die UnterstützerIn der planenden Person wichtig zu wissen?*
- Fragen Sie die planende Person *„Was könnten Sie tun, um sich zu einer besserer GeberIn Ihrer Gabe zu machen?“ Denken Sie an…*
  – *Was würde es für Sie leichter machen, Ihre Gaben einzubringen?*
  – *Was könnten Sie lernen oder üben, das Sie zu einer besseren GeberIn machen würde?*
  – *Gibt es etwas, das Sie weniger tun könnten oder aufhören könnten zu tun, das Sie zu einer besseren GeberIn machen würde?*
  – *Was müssten Sie tun, um es Menschen leichter zu machen, Sie zu unterstützen Ihre Gaben einzusetzen?*
- Die ZeichnerIn fängt Schlüsselbegriffe ein und malt schnelle Bilder. Sie ordnet diese, indem sie ähnliche Begriffe zueinander schreibt. Bei den besonders wichtig erscheinenden Bedingungen fragt die ZeichnerIn bei der planenden Person nach Details des Bildes nach.

Aktionsplan oder (noch) nicht?

- Nicht immer gibt es bei MAPS einen Aktionsplan. MAPS ist vorbei, wenn die planende Person sich in der Rolle der Gebenden sieht. Aber normalerweise braucht es ein paar Aktionen, damit die Hauptperson ihre Gaben außerhalb des Unterstützungskreises deutlich machen und einbringen kann, sehr häufig braucht es sogar weitere Aktionsplanung.
- Manchmal muss die planende Person die Dinge erst mal sacken lassen und mit Vertrauten darüber reden. Drängen Sie sie nicht. Fragen Sie die Hauptperson, ob sie einen neuen Termin mit dem Unterstützungskreis machen will, um über die weiteren Schritte zu entscheiden. Wenn die Person nicht gleich einen neuen Termin vereinbaren will, fragen Sie sie,

MAPS

ob sie jemand aus dem Unterstützungskreis nach einer Woche noch einmal fragen soll, ob der Unterstützungskreis zur weiteren Aktionsplanung wieder eingeladen werden soll.

- Manchmal macht der MAPS Prozess auch deutlich, dass der Unterstützungskreis Wege finden muss, die Rahmenbedingungen zu gestalten, damit die planende Person ihre Fähigkeiten einsetzen kann. In diesen Situationen macht ein erneutes Planungstreffen mit dem PATH-Prozess Sinn.

6. Aktionsplan – sich zu Handlungen verpflichten

Ziel dieser Phase: Den Unterstützungskreis zu organisieren, um die Dinge zu tun, die notwendig sind, damit die planende Person die Möglichkeit hat, ihre Gaben einzubringen

- Laden Sie den Unterstützungskreis ein, sich einen Moment das Bild mit den Gaben der planenden Person anzusehen und die Punkte zu lesen, die es braucht, damit die Person ihre Gaben einsetzen kann. Bitten Sie sie notwendige nächste Handlungsschritte zu identifizieren.
  Bedenken Sie dabei:
  - *Menschen, die informiert und einbezogen werden müssen*
  - *Möglichkeiten, nach denen gesucht werden soll*
  - *Veränderungen, die ausgehandelt werden müssen*
- Die ZeichnerIn schreibt nun die Ideen auf dem Skizzenblock mit, die ModeratorIn fragt dann den Unterstützungskreis, welche zwei bis drei Aktionen kritisch für das weitere Vorankommen sind. Sie fragt dann die planende Person, ob um diese Punkte konkrete Schritte geplant werden sollen.
- Dann wird in das Plakat eingetragen, wer was bis wann macht.
- Fragen Sie die planende Person, ob sie die TeilnehmerInnen des Unterstützungskreises einladen möchte, das MAPS –Plakat zu unterzeichnen. Die, die unterzeichnen, zeigen damit, dass sie Zeuge der Geschichte der planenden Person als einer begabten und gebenden Person sind.
- Schließen Sie das Treffen damit, dass jeder aus dem Unterstützungskreis einen Moment der Wertschätzung oder des Gefühls über das MAPS-Treffen äußern kann.

Quelle: *nach O'Brien, John; Pearpoint, Jack; Kahn, Lynda: The PATH & MAPS Handbook. Toronto: Inclusion Press 2010. Übersetzung ins Deutsche: Stefan Doose*

Der neue PATH-Prozess

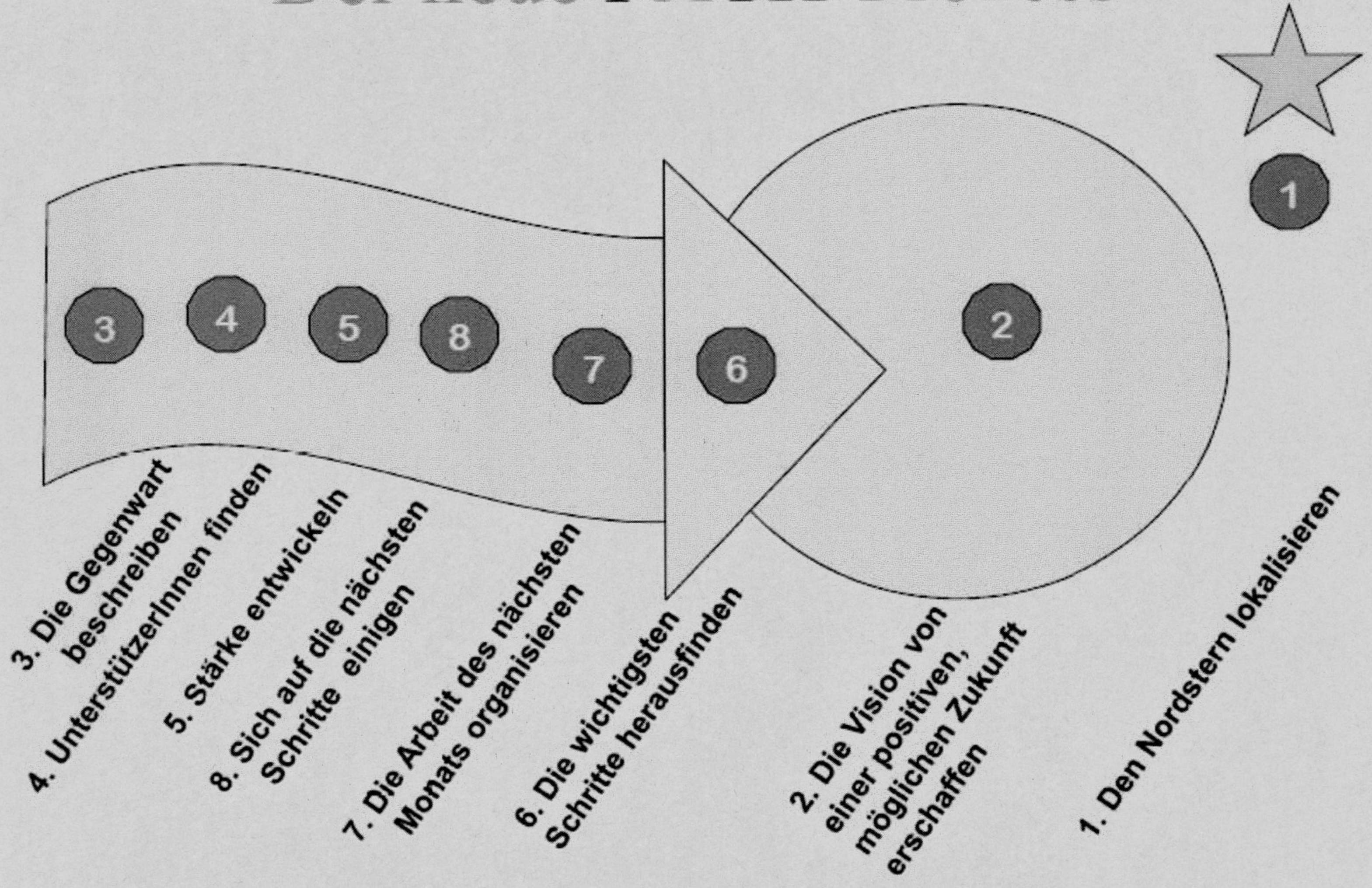

Der PATH-Prozess

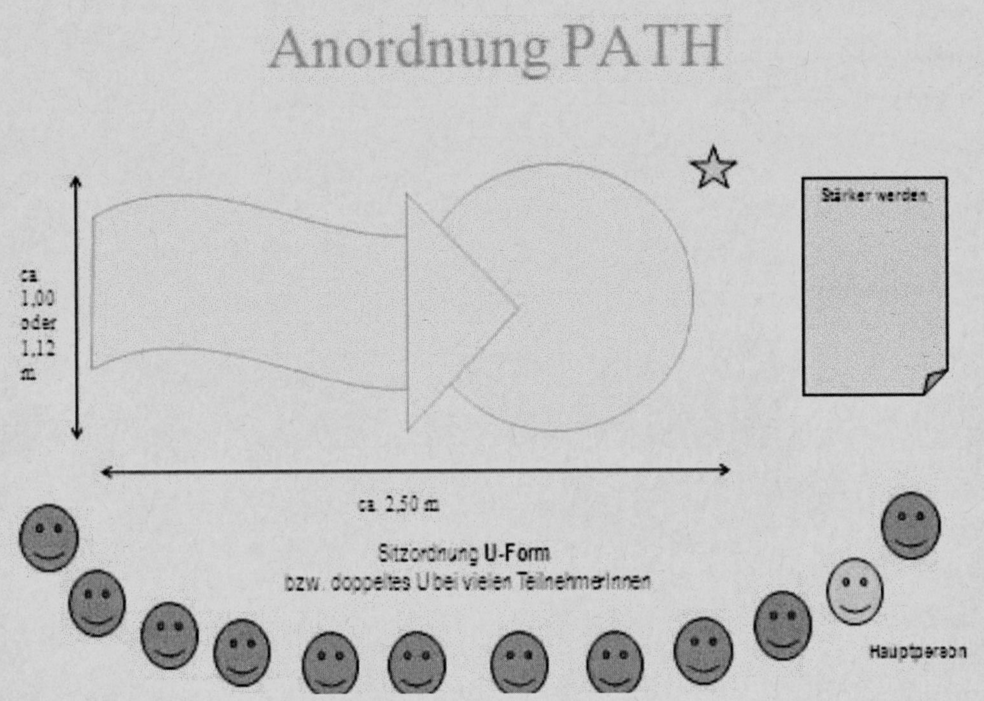

Beginn von PATH

Ziel dieser Phase: Die Menschen im Unterstützungskreis versammeln, Erwartungen an das Treffen klären, den PATH Prozess erläutern und Rollen klären.

- Laden Sie die Hauptperson ein, einen Platz an der rechten Seite des Halbkreises direkt vor dem Plakat einzunehmen. Die Hauptperson darf jetzt ihrerseits Personen einladen, die neben ihr oder dicht dabei sitzen sollen.
- Die Hauptperson oder eine SprecherIn eröffnet das Treffen, indem sie die TeilnehmerInnen herzlich begrüßt und kurz die Zielsetzung der PATH- Prozesses heute erläutert.
- Die ModeratorIn bittet die restlichen TeilnehmerInnen sich kurz mit ihrem Namen vorzustellen und eine Antwort auf die Frage zu geben *„Warum ist es für mich wichtig heute hier zu sein“.* Die TeilnehmerInnen, die am dichtesten bei der Hauptperson sitzen, beginnen. Die ZeichnerIn notiert den Namen jeder Person in der linken unteren Ecke des Plakates unter dem heutigen Datum.
- Die ModeratorIn und ZeichnerIn stellen sich vor, beantworten die Frage und erläutern kurz ihre Rolle während des Treffens.

Der PATH-Prozess

- Die ModeratorIn wiederholt kurz die Zielsetzung des Treffens und nimmt Bezug auf das Eingangsstatement der Hauptperson und erläutert anhand der Grafik und dem Übersichtsplakat kurz den Prozess.
- Die ModeratorIn erläutert die Gesprächsgrundregeln und bittet die TeilnehmerInnen um Zustimmung.

Grundregeln PATH

- ______ ist hier um mit dem PATH-Prozess eine gute Zukunft zu planen.
  Die Anderen sind hier, um sie zu unterstützen.
- Wir erkennen, dass wir keinen neuen Weg finden können, ohne genau zuzuhören und dass wir unsere gegenseitige Unterstützung benötigen, um bessere Zuhörer zu werden.
- Wir werden zwischendurch verlangsamen, um mehr Zeit zum Denken zu haben.
- Wir erwarten, dass es zwischendurch unübersichtlich und unordentlich sein kann.
- Wir gehen respektvoll miteinander um und heißen neue und andere Ideen mit Neugierde willkommen und bedenken sie.
- Wir sind ehrlich „ja“ oder „nein“ zu sagen, wenn wir uns zum Handeln entschließen.
- Wir kümmern uns umeinander.

Der PATH-Prozess

1. den Nordstern lokalisieren

Ziel dieser Phase: Es geht darum, den persönlichen Nordstern zu bestimmen und wertzuschätzen, um ihn als Quelle für die Bedeutung, Energie und Richtung einer wünschenswerten Zukunft zu nutzen.

- **Der persönliche Nordstern umschreibt das, was die Person im Leben leitet, ihre Werte, Zielbestimmung und Ideale.** Das Bild vom Nordstern beschreibt einen Punkt der Orientierung, wie ihn Seefahrer und Entdecker nutzten, um auf rauer See oder in unübersichtlichem Gelände weiter in die richtige Richtung zu reisen.
- Dieser Schritt gibt dem Unterstützungskreis den Raum zu sehen und zu hören, was der planenden Person im Leben wichtig ist:
  - *Was gibt dem Leben der Hauptperson Sinn?*
Was sind ihre Werte und Ideale?
  - *Was gibt der Hauptperson Energie und Orientierung, wenn Zeiten schwierig werden?*
  - *Was treibt die Hauptperson an, sich zu engagieren und ihre Fähigkeiten weiter zu entwickeln?*
- Die ModeratorIn erläutert die Bedeutung des Nordsterns und dass es wichtig ist, sich für diesen Schritt Zeit zu nehmen. Die Aufgabe des Unterstützungskreises ist es, ruhig und aufmerksam zuzuhören, während die Hauptperson (ggf. durch vorher bestimmte, vertraute Personen unterstützt) mit der ModeratorIn und der ZeichnerIn den Nordstern entwickelt.
- Die ModeratorIn setzt sich zu der Hauptperson und erkundet mit ihr den Nordstern. Die Hauptperson erzählt, was ihr wichtig ist, die ModeratorIn unterstützt ggf. mit erkundenden Fragen wie z.B.:
  - *Was ist Ihnen in Ihrem Leben am wichtigsten?*
  - *Welche Werte und Ideale wollen Sie verfolgen?*
  - *Was bedeutet ein gutes Leben für Sie?*
  - *Was treibt Sie, tief aus Ihrem Innersten, an?*
  - *Welchen positiven Unterschied möchten Sie im Leben von anderen Menschen, für Ihre Familie, Ihren Ort, Ihr Land oder die Welt machen?*
  - *Woran sollen sich die Menschen über Sie erinnern, wenn Sie einmal nicht mehr da sind?*
Was ist Ihr Vermächtnis?
  - *Was gibt Ihnen wieder Energie und Orientierung, wenn Sie entmutigt sind und sich verloren fühlen?*
  - ...

Der PATH-Prozess

- Die ModeratorIn ermutigt die Person sich Zeit zu nehmen und zu überlegen: *„Nehmen Sie sich Zeit und denken Sie nach, was Ihnen wichtig ist“*. Zeiten des Schweigens, in denen alle weiter zuhören, sind wichtig.
- Die ZeichnerIn macht sich Notizen und erste Skizzen auf einem Skizzenblatt neben dem PATH Plakat.
- Wenn die Hauptperson das Gefühl hat festzustecken, kann sie Mitglieder des Unterstützungskreises einladen ihr zu helfen.
- Wenn die Hauptperson fertig zu sein scheint, fragt die ModeratorIn, ob planende Person noch etwas ergänzen möchte.
- Nun lädt die ModeratorIn die Hauptperson ein, mit ihr zu den Skizzen und Notizen der ZeichnerIn zu gehen. Die ZeichnerIn fasst die Hauptthemen zusammen und fragt die planende Person, ob alles korrekt verstanden wurde und macht ggf. schnell Korrekturen.
- Sie bittet die Hauptperson dann einmal tief durchzuatmen und sich die Notizen noch einmal anzusehen und fragt sie: *„Was ist das Allerwichtigste bei Ihrem Nordstern?“ oder „Was ist der Kern dessen?“*
- Die ZeichnerIn entwickelt nun mit der Hauptperson ein Bild für den Nordstern. Sie fragt nach, wie das Bild genau aussehen soll. Die Hauptperson wird dabei soweit wie möglich mit einbezogen und kann auch selber ganz oder Teile malen. Die ZeichnerIn kann sie beispielsweise fragen *„Wie sieht das genau aus? Können Sie das malen?“* Die Bilder können, müssen aber nicht mit Schlüsselbegriffen ergänzt werden. Manchmal sind sehr eindrucksvolle Bilder sehr einfach.
- Wenn der Nordstern (erst einmal) fertig ist, bittet die ModeratorIn die Hauptperson sich hinzusetzen und bittet den Unterstützungskreis um wertschätzende Rückmeldungen. Wertschätzende Rückmeldungen sind keine Kritik oder Vorschläge, was noch hinzugefügt werden sollte. Es geht darum, sich auszutauschen, wie es für die ZuhörerInnen im Unterstützungskreis war, den Nordstern der Person entstehen zu sehen.

Fragen der ZeichnerIn

Um die Hauptperson einzubeziehen

- Welche Farben soll ich nutzen?
- Wie sieht das aus?
- Wo (auf das Papier zeigen) möchten Sie das Bild?
- Neben was soll ich dies zeichnen?
- Gibt es ein Detail, das fehlt, damit das Bild lebendig wird?
- Sie wollen gerne ____________ sehen.
  Würde das so ______ oder so ________ oder wie aussehen?

Der PATH-Prozess

2. Die Vision einer positiven, möglichen Zukunft erschaffen

Ziel dieser Phase: Suche des Unterstützungskreises nach Möglichkeiten, Kompetenzen und Strategien zur Gestaltung einer positiven und möglichen Zukunft für die Hauptperson.

- *„Wie genau wird es aussehen, wenn die planende Person ein gutes und befriedigendes Leben führt, das ihren Werten und Idealen im Nordstern entspricht und die Gemeinschaft noch besser an ihren Gaben teilhaben lässt?"*
- Es geht in diesem Schritt darum, ein lebendiges Bild der Möglichkeiten zu schaffen, die der Unterstützungskreis zusammen mit der planenden Person in den nächsten ein bis zwei Jahren schaffen kann.
  Das Bild dieser positiven und Möglichen Zukunft soll so lebendig sein, dass man es hören, riechen, schmecken, berühren, fühlen kann, wie es dann sein wird.
- Deshalb reist man auch mit einer Zeitmaschine in die nähere Zukunft in ein bis zwei Jahren. Dann beschreibt man im Präsens, welche wunderbaren Veränderungen dank der harten Arbeit der planenden Person und des Unterstützungskreises möglich geworden sind, was die jetzige Situation so befriedigend macht und was die wichtigsten Erfolgsfaktoren und Schritte waren, um dorthin zu kommen.
- Dieses Bild der positiven und möglichen Zukunft soll eine Einladung zum Entdecken und Handeln für die Beteiligten sein. Es muss keine Bauzeichnung mit den kleinsten Details sein. Indem sich der Zukunftsplan realisiert, wird sich die endgültige Form durch unerwartete Dinge in positiver wie auch problematischer Hinsicht mit formen. Es ist jedoch erstaunlich, welche Sogwirkungen Bilder von einer positiven Zukunft haben und wie viel des gemeinsam Geplanten oft erreicht wird.

Vision als eine Art zu sehen, was geht
zu sehen, was sein könnte.

- Die ModeratorIn, die ZeichnerIn und die Hauptperson gehen zu dem großen Zielkreis.
- Die ZeichnerIn schreibt „positiv und möglich" in den oberen Rand des Kreises und fragt die planende Person, wann sich die Situation verändert haben soll. Der Planungszeitraum sollte mindestens ein Jahr und in der Regel nicht mehr als zwei Jahre umfassen. Die ZeichnerIn schreibt dann ein konkretes Datum über den Kreis.
- Die ModeratorIn sagt: *„Es ist jetzt (Datum) und … (Name der planenden Person) hatte ein großartiges Jahr. Wir wollen über die bedeutenden*

Der PATH-Prozess

Veränderungen nachdenken, die passiert sind. Was ist neu und gut in Ihrem Leben, weil Sie und Ihr Unterstützungskreis durch den Nordstern im letzten Jahr geleitet wurden und hart gearbeitet haben?“

- Beginnend und endend bei der planenden Person fragt die ModeratorIn den Unterstützungskreis, was sich verändert hat. In dieser Phase kommt die planende Person zuerst, danach kann aber der Unterstützungskreis weitere Vorschläge machen. Alles muss positiv und mit menschlichen Kräften möglich sein und zum Nordstern der Hauptperson passen. Es können zunächst auch scheinbar widersprüchliche Punkte dort stehen. Die planende Person wird nachher auswählen, was ihr am wichtigsten ist. Sie entscheidet im Zweifelsfall auch, was aufgenommen werden soll.
- Die ZeichnerIn schreibt, malt und ordnet zusammengehörige Schlüsselbegriffe und Bilder im Kreis, der Platz in der Mitte bleibt frei. Die ModeratorIn und die ZeichnerIn helfen dem Unterstützungskreis und fragen nach den Details der Veränderung und regen die Sinne an: Was können Leute sehen, hören, fühlen oder sogar riechen, was sich positiv verändert hat.

„Wenn das Leben keine Vision hat, nach der man sich sehnt,
die man verwirklichen möchte, dann gibt es auch kein Motiv,
sich anzustrengen.“
Erich Fromm

- Nachdem eine Reihe von Möglichkeiten sichtbar geworden ist, bittet die ModeratorIn den Unterstützungskreis jetzt wieder still und aufmerksam zuzuhören. Dann bittet sie die planende Person einmal tief durch zu atmen, sich alles anzuschauen und anschließend zu sagen, welche Möglichkeiten ihr am lebendigsten und am wichtigsten erscheinen.
- Die ZeichnerIn und die planende Person arbeiten dann ein paar Minuten daran, für die Veränderungen ein passendes Bild in der Mitte des Kreises zu schaffen, welches den Kern der positiven Veränderungen für die Person widerspiegelt. Wenn es mehr als eine Veränderung sind, die für die planende Person bedeutsam sind, kann in der Mitte für bis zu drei Bilder Platz geschaffen werden. Sie sollen die planende Person und den Unterstützungskreis daran erinnern, was geschaffen werden soll.
- Die ausgewählten Möglichkeiten sind die spezifische Antwort der planenden Person am heutigen Tage auf die PATH-Frage: *„Was kann mit Ihren Anstrengungen und der Unterstützung Ihrer Verbündeten passieren, was Ihr Leben besser machen und die Gemeinschaft stärken kann?“*

Der PATH-Prozess

3. Die Gegenwart beschreiben

Ziel dieser Phase: Es geht darum, eine kreative Spannung zwischen der Vision einer positiven und möglichen Zukunft und der gegenwärtigen Situation der planenden Person aufzuzeichnen.

- Die ModeratorIn bittet die planende Person, sich sorgfältig ihre Bilder der positiven und möglichen Zukunft anzuschauen. Wenn es passt, kann sie diese auch berühren und sagen, wie es sich anfühlt in so einer Zukunft zu leben. Danach bittet die ModeratorIn die planende Person mit ihr und der ZeichnerIn nach links zu gehen und eine Zeitreise zurück in die Gegenwart zu machen.
- Die ZeichnerIn überschreibt die erste Spalte mit „Jetzt" und dem Datum des heutigen Tages.
- Die ModeratorIn fasst die Vision der gewünschten Zukunft kurz zusammen und fragt dann nach einer Skizzierung der Gegenwart:
  „Sie möchten eine Zukunft in ..... (Zeit), in der ......(passiert).
  Wenn Sie dorthin wollen, lassen Sie uns sehen, von wo aus Sie heute starten. Wenn wir einen Schnappschuss der Gegenwart machen:
  Wo sind Sie im Verhältnis zu der Zukunftsvision heute?"
- Die planende Person beginnt, die anderen Mitglieder des Unterstützungskreises helfen dabei, weitere Detail und wichtige Punkte hinzuzufügen. Es geht hier um eine schnelle Sammlung wichtiger Fakten.
- Die ZeichnerIn malt jetzt keine detaillierten Bilder mehr, sondern listet einfach Punkte auf, die ggf. mit kleinen Merkzeichnungen ergänzt werden.
- Am Ende kann die planende Person gefragt werden, ob sie eine Metapher oder ein Bild für ihren jetzigen Zustand hat, und die Spannung zwischen Gegenwart und gewünschter Zukunft spürt.

Veränderung kann nur dann stattfinden,
wenn wir uns der gegenwärtigen Situation bewusst sind.

Der PATH-Prozess

Das Gummiband als Metapher für die kreative Spannung

- Im PATH-Prozess muss es eine kreative Spannung zwischen der gewünschten Zukunft und der gegenwärtigen Situation geben:
  - Ist im Grunde genommen schon alles jetzt vorhanden, was in einem Jahr sein soll, ist die Spannung zu gering und die Ziele können anspruchsvoller sein oder man benötigt eigentlich keine Persönliche Zukunftsplanung.
  - Ist die Spannung hingegen zu groß, sodass es einen zerreißt, sollte überprüft werden, ob die Ziele tatsächlich mit menschlichen Kräften in diesem Zeitraum erreicht werden können.

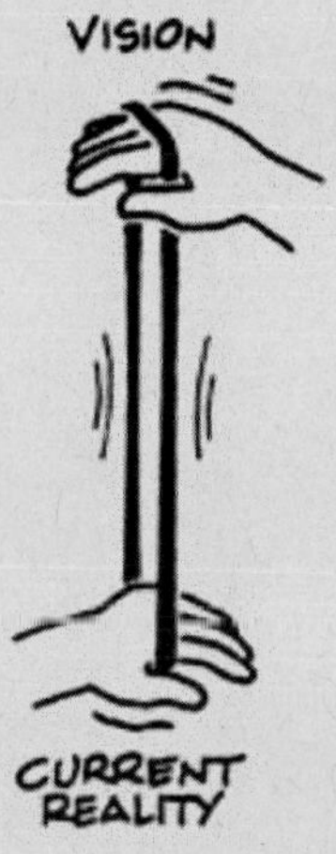

- Mit einem langen Gummiband kann die ModeratorIn dies in einem einfachen Experiment verdeutlichen: Die planende Person bleibt in der Gegenwart stehen, die Moderatorin begibt sich zur gewünschten Zukunft.
  - Besteht zwischen der Gegenwart und der positiven und möglichen Zukunft genügend Spannung, so ist das Gummiband gespannt und die planende Person spürt die Zugwirkung der Zukunft.
  - Ist schon alles erreicht und sind die Ziele, vielleicht aus Angst vor Enttäuschung oder niedrigen Erwartungen, zu niedrig, hängt das Gummiband durch und entfaltet keine Zugwirkung.
  - Ist es dagegen viel zu stark gespannt, wird das Gummiband reißen oder eine Person umreißen.

Der PATH-Prozess

4. UnterstützerInnen finden

Ziel dieser Phase: Die planende Person und Mitglieder des Unterstützungskreises erklären ihre Bereitschaft zur aktiven Mitarbeit an der Umsetzung der positiven Zukunftsvision und benennen andere Personen, die eingeladen werden sollten, mitzuwirken.

- Es kann keine Bewegung zu einer positiven Zukunft ohne das Engagement von Menschen geben. Nachdem der Unterstützungskreis den Nordstern der Person gesehen, die Vision einer positiven Zukunft für die Person erlebt und die Spannung zur jetzigen Situation gespürt hat, stellt sich nun die persönliche Frage, wer sich mit seinen Möglichkeiten aktiv an dem Erreichen der positiven Zukunft für die planende Person beteiligen will.
- Die ModeratorIn lädt die planende Person ein, einen Schritt zurück zu treten und sich das ganze Plakat anzuschauen. Sie zeigt auf die Leerfläche zwischen der Gegenwart und Vision und sagt: *„Der Weg von der jetzigen Situation zu Ihrer positiven Zukunftsvision wird einige harte Arbeit und Anstrengungen erfordern. Es wird gute und problematische Dinge im Laufe des Weges geben. Sie werden andere Menschen davon überzeugen müssen, Sie zu unterstützen, aber es ist Ihre Zukunftsvision, die Sie erreichen möchten. Sind Sie für diesen Weg bereit?“*
- Wenn die planende Person „ja“ sagt, bittet die ZeichnerIn sie sich einen Stift in der Farbe ihrer Wahl auszusuchen und sich mit ihrem Namen in der zweiten Spalte des Plakates unter „*UnterstützerInnen* “ einzutragen.
- Die ModeratorIn fragt die planende Person, wen sie aus dem Unterstützungskreis gerne bei diesem Weg zu ihrer positiven Zukunft dabei haben möchte. Sie bittet sie, die TeilnehmerInnen einzeln dazu einzuladen. Diejenigen, die „ja“ sagen, nehmen einen farbigen Stift und tragen sich auch in die Spalte *„UnterstützerInnen“* ein.

“Willst du schnell gehen, geh allein.
Willst du weit kommen, geh gemeinsam mit anderen.”
Sprichwort aus Kenia

Der PATH-Prozess

- Jede ehrliche Antwort *„Ja"*, *„Nein"* oder *„Ich bin noch nicht soweit, mich zu entscheiden"* ist hilfreich für den Prozess, da es jetzt darum geht, Klarheit über die UnterstützerInnen für den Prozess zu gewinnen.
- Wenn die planende Person *„nein"* sagt, bittet die ModeratorIn alle innezuhalten und einmal tief durchzuatmen. Nun geht es darum, die Gründe zu erkunden und zu sehen, ob etwa erwartete Schwierigkeiten in einem der nächsten PATH-Schritte gelöst werden können.
  Wenn das „*nein*" weiter besteht, fragt die ModeratorIn die Hauptperson, ob sie sich mit einem vertrauten Kreise wieder treffen will und noch einmal über ihre Zukunft und das weitere Vorgehen neu nachzudenken. Wenn die Antwort „ja" ist, wird die planende Person gefragt, wen sie dabei haben will und diese Aktion wird in Abschnitt 5 in der Rubrik „stärker werden" notiert. Die Personen werden gebeten, nach dem Treffen einen Termin auszumachen. Dann sollte in einer Abschlussrunde den TeilnehmerInnen kurz Gelegenheit gegeben werden, etwas zum bisherigen Prozessverlauf zu sagen, ehe das Treffen beendet wird.
- Wenn der seltene Fall eintritt und keines der Mitglieder des Unterstützungskreises sich zum Mitmachen entscheidet, sind die nächsten Schritte darauf begrenzt, was die Person selber tun kann. Hier kann der Unterstützungskreis innerhalb des Treffens noch helfen zu überlegen, wie die planende Person am besten ihre Energie einsetzen sollte und welche nächsten Schritte im Vordergrund stehen.
- Nachdem die Mitglieder des Unterstützungskreises eingeladen wurden, an der Umsetzung des Planes mitzuwirken, stellt die ModeratorIn noch die Frage, ob irgendwelche nicht anwesende Personen noch eingeladen werden sollten, an diesem Prozess mitzuwirken. Ihre Mitwirkung sollte positiv und möglich erscheinen.
  Die ZeichnerIn notiert ihre Namen und kreist sie ein.

5. Stärke entwickeln

Ziel dieser Phase: Kompetenzen und Ressourcen zu identifizieren, die die planende Person und der Unterstützungskreis nutzen und weiterentwickeln können, um sich für ihre Arbeit an einer positiven Zukunft zu stärken und dranzubleiben.

- Die Reise zu einer positiven Zukunft macht die Personen stärker, die sich auf diese Reise begeben. Die planende Person und die Mitglieder des Unterstützungskreises werden vielleicht neue Kontakte entwickeln, neue Informationen sammeln, neue Kenntnisse erwerben und ihre Fähigkeiten verbessern müssen. Sie werden vielleicht aufhören müssen, gewisse Dinge zu tun, die sie bisher getan haben, um Zeit für diese

Der PATH-Prozess

Reise zu haben oder alte Gewohnheiten ablegen, die die Reise gefährden könnten. Sie müssen vielleicht Ressourcen organisieren. Sie müssen so gesund wie möglich sein, um die Reise gut zu überstehen. Es geht darum, welche Stärken genutzt und entwickelt werden können, um den Weg gut durchzuhalten, und wie sich die Mitglieder des Unterstützungskreises stärken können. Hier geht es zunächst darum, erste Ideen zu sammeln, nicht um einen detaillierten Plan.

- Die ModeratorIn lädt die planende Person ein, einen Schritt zurückzutreten und sich das Plakat anzusehen: Die Vision, die vom Nordstern gespeist wird, die jetzige Situation und die UnterstützerInnen. Jetzt wird mit Hilfe des Plakates „Stärker werden“ mit dem gesamten Unterstützungskreis ein kurzes Brainstorming gemacht, was an Kompetenzen und Ressourcen in den jeweiligen Bereichen bereits vorhanden ist und was noch gebraucht wird.
  Die ZeichnerIn notiert nur kurz Stichworte.
- Nach dem Brainstorming werden ein paar zentrale Punkte ausgewählt und auf das PATH-Plakat in die Spalte „Stärke entwickeln“ eingetragen.

Stärker werden

Brainstorming - Fragen

- *„Was haben wir und können wir nutzen?“*
- *„Was brauchen wir und müssen wir noch entwickeln?“*

Bereiche

- **Menschen und Beziehungen:**
  Wen kennen wir?
- **Organisationen, Vereine und Gruppen:**
  Wo gehören wir dazu?
  Wo sind wir Mitglied?
- **Know-How:**
  Welche Informationen, Kenntnisse und Fertigkeiten haben wir?
- **Systeme:** Was können die vorhandenen Systeme für uns tun?
  Welche Rechtsansprüche haben wir?
- **Persönliche Energie und Gesundheit**
  Was können wir persönlich tun, um fit zu bleiben und uns zu stärken?

Plakat zum Ideen sammeln

	Haben wir	Brauchen wir
Menschen		
Organi-sationen		
Know How		
Systeme		

Persönliche Energie und Gesundheit:

Der PATH-Prozess

6. Die wichtigsten Schritte herausfinden

Ziel dieser Phase ist es, die zwei bis drei wichtigsten Schritte auf dem Weg zur positiven Zukunft zu identifizieren, die für den Erfolg entscheidend sein werden.

- Die ModeratorIn lädt die planende Person und den Unterstützungskreis ein, sich wieder auf eine Zeitreise zu begeben: *„Wir sind nun wieder in der zukünftigen Zeit, etwa auf halben Weg unsere Zukunftsvision umzusetzen und die Dinge laufen gut. Es gab Hoch und Tiefs und wir hatten mit einigen Schwierigkeiten zu kämpfen, aber wir hatten den Nordstern klar im Blick und hatten den Mut, uns auf das zu besinnen, worauf es wirklich in unserer Zukunftsvision ankommt. Wir wollen nun mit den Unterstützungskreis auf der Hälfte des Weges zurückschauen und uns erzählen, wie wir soweit gekommen sind."*
- Die ModeratorIn erinnert daran, dass wir jetzt alles wieder so formulieren, als ob die Dinge schon geschehen sind und fragt nach den wichtigsten Punkte, die für unsere Fortschritte auf dem Weg zu unseren Zielen bis jetzt verantwortlich sind. Die planende Person beginnt zu erzählen, der Unterstützungskreis ergänzt.
- Die ZeichnerIn macht sich auf einem Skizzenblatt Notizen.
- Nachdem die planende Person und der Unterstützungskreis eine Reihe von Schritten identifiziert hat, bittet die ModeratorIn alle einen Moment inne zu halten und die zwei bis drei wichtigsten Schritte zu identifizieren. Dies sind die Punkte, ohne die es nach Einschätzung des Unterstützungskreises keinen so positiven Wandel gegeben hätte und auf die besondere Aufmerksamkeit gelegt werden musste, damit die Zukunftsvision erreicht wird.
- Die ZeichnerIn überträgt die zwei bis drei wichtigsten Schritte in den Pfeil auf das Plakat und lässt jeweils etwas Platz frei, um jeweils noch zwei bis drei damit verbundene Aktionen zu notieren, nach denen die ModeratorIn den Unterstützungskreis dann fragt.

„Visionen brauchen Fahrpläne"
Ernst Bloch

Der PATH-Prozess

7. Den nächsten Monat organisieren

Ziel dieser Phase ist es, die planende Person und den Unterstützungskreis mit Energie zu versorgen, damit sie anfangen die Zukunftsvision ins Leben in der Gemeinschaft zu bringen.

- Der Monat nach dem ersten Treffen ist ein kritischer Zeitraum für die planende Person und den Unterstützungskreis. Es geht darum, erste detaillierte Absprachen unter den Beteiligten herzustellen, andere Personen mit einzubeziehen und Informationen einzuholen.

- Die planende Person setzt sich wieder in den Stuhlkreis.
  Die ModeratorIn fragt:
  „Was muss getan werden, ehe wir uns in etwa einem Monat wieder treffen, damit wir einen guten Start in Richtung der Zukunftsvision bekommen?“

- Die ZeichnerIn wiederholt kurz die Notizen aus dem Abschnitt „Stärke entwickeln“ und den wichtigsten Schritten.

- Beginnend mit der planenden Person, identifiziert der Unterstützungskreis Ziele für den ersten Monat. Die ModeratorIn betont, dass es wichtig ist, Neuland zu erkunden und bei den ersten Schritten mindestens einen Schritt zu planen, der die planende Person mit neuen Menschen und Organisationen in Verbindung bringt.

- Wenn ein paar Ziele identifiziert sind, fragt die ModeratorIn die planende Person, an welchem Ziel sie persönlich arbeiten möchte. Dann fragt, sie, wer sie dabei unterstützen kann. Die ZeichnerIn schreibt das Ziel und daneben die Namen auf. Nun werden die Mitglieder des Unterstützungskreises gefragt, ob sie der Hauptperson anbieten können an anderen Zielen zu arbeiten und ob sie dies ggf. mit jemand zusammen tun wollen. Angebote, die die Hauptperson angenommen hat, werden aufgeschrieben und es wird vereinbart, wie die planende Person über die Ergebnisse informiert wird. Es kommt nicht auf die Menge der Ziele an, zwei bis drei Ziele reichen gewöhnlich. Es sei denn es gibt einen großen, aktiven Unterstützungskreis.

„Erfolgreich zu sein, setzt zwei Dinge voraus:
Klare Ziele und den brennenden Wunsch sie zu erreichen.“
Johann Wolfgang von Goethe

Der PATH-Prozess

8. Verständigung auf die nächsten Schritte

Ziel dieser Phase ist es, Vereinbarungen zu treffen, damit die planende Person und der Unterstützungskreis sofort nach dem Treffen anfangen zusammen zu arbeiten.

- Die ModeratorIn bittet nun jede Person im Unterstützungskreis über eine Sache nachzudenken, die sie in den nächsten 24 bis 72 Stunden tut, die helfen könnte, der Zukunftsvision einen kleinen Schritt näher zu kommen. Dies kann etwas kleines Einfaches sein, z.B. jemanden über das Planungstreffen zu informieren oder einen Kontakt herzustellen.
- Die planende Person beginnt zu sagen, welchen Schritt sie als erstes tun will. Die ModeratorIn fragt nach, ob sie dafür jemanden um Unterstützung bitten möchte. Sie fragt die planende Person, wer sich bei ihr erkundigen soll, wie der erste Schritt gelaufen ist. Die anderen Unterstützungskreismitglieder machen jetzt ihre Angebote und die planende Person sagt, ob sie das Angebot annehmen möchte. Die ZeichnerIn notiert die Aktionen in einer Tabelle unter Punkt 8 „was macht wer bis wann".
- Die ModeratorIn bittet nun noch einmal alle sich den PATH anzusehen und fragt nach Vorschlägen für einen Titel des PATH. Wenn ein passender Vorschlag kommt, der der Hauptperson gefällt, wird er von der ZeichnerIn über den PATH geschrieben.
- Die ModeratorIn bittet nun zu Abschluss alle TeilnehmerInnen des Unterstützungskreises eine kurze wertschätzende Rückmeldung oder ein Gefühl über das PATH-Treffen zu äußern. Die Zeichnerin notiert diese Begriffe am unteren Rand. Die planende Person hat das kurze Schlusswort.

Wege entstehen, indem wir sie gehen!

„Wer seinen eigenen Weg geht, riskiert immer Widerspruch;
die Schablone gilt.
Aber man muss es eben riskieren.
Wer nicht wagt, gewinnt nicht."
Theodor Fontane

Quelle: *nach O'Brien, John; Pearpoint, Jack; Kahn, Lynda: The PATH & MAPS Handbook. Toronto: Inclusion Press 2010. Übersetzung ins Deutsche: Stefan Doose*

Ich kann dies ...

① mit viel Hilfe ② mit etwas Hilfe ③ ohne Hilfe

☺ das kann ich gut genug 😐 das ist mir nicht wichtig

☆ das möchte ich lernen / besser können

Meine Fähigkeitsliste

Was ich alles kann, was ich lernen möchte und wo ich Hilfe brauche...

Auf dieser Liste können Sie ankreuzen, wie viel Hilfe Sie bei bestimmten Tätigkeiten brauchen. Oder Sie können ankreuzen, ob Sie etwas besser können möchten oder bereits gut genug können. Oder ob etwas für Sie nicht wichtig ist.

Jeder Mensch ist anders. Für jeden Mensch sind andere Dinge wichtig oder unwichtig.
Deshalb ist diese Liste nur ein Vorschlag. **Sie haben die Wahl, über welchen Punkt Sie nachdenken wollen und über welchen nicht.**

Ich kann dies...
① mit viel Hilfe
② mit etwas Hilfe
③ ohne Hilfe

☺ das kann ich gut genug (mit / ohne Hilfe)
😐 das ist mir nicht wichtig
☆ das möchte ich lernen / besser können

Aussehen und Körperpflege	
1. Ich sorge dafür, dass meine Haare gut aussehen	① ② ③ ☺ 😐 ☆
2. Ich benutze zur Haarpflege meine eigenen Mittel, die ich mir selber ausgesucht habe	① ② ③ ☺ 😐 ☆
3. Ich wähle meinen Haarschnitt	① ② ③ ☺ 😐 ☆
4. Ich wasche meine Hände (vor dem Essen, nach der Toilette)	① ② ③ ☺ 😐 ☆
5. Ich benutze Seife und Deo, wenn notwendig	① ② ③ ☺ 😐 ☆
6. Ich putze täglich meine Zähne	① ② ③ ☺ 😐 ☆
7. Ich dusche, bade regelmäßig	① ② ③ ☺ 😐 ☆
8. Ich kaufe meine Körperpflegemittel selbst ein	① ② ③ ☺ 😐 ☆
9. Ich halte mein Waschzeug, Kulturtasche in Ordnung	① ② ③ ☺ 😐 ☆
10. Ich wähle die richtige Kleidung für den richtigen Anlass	① ② ③ ☺ 😐 ☆
11. Ich ziehe mich dem Wetter entsprechend an	① ② ③ ☺ 😐 ☆
12. Ich halte meine Kleidung im guten Zustand	① ② ③ ☺ 😐 ☆
13. Ich wähle meine Kleidung	① ② ③ ☺ 😐 ☆
14. Ich überprüfe im Spiegel, wie ich aussehe	① ② ③ ☺ 😐 ☆
15. Ich wasche und trockne meine Wäsche	① ② ③ ☺ 😐 ☆
16. Ich kaufe meine eigene Kleidung und Schuhe	① ② ③ ☺ 😐 ☆

Meine Fähigkeitenliste (33)
Ich kann dies ...

① mit viel Hilfe ② mit etwas Hilfe ③ ohne Hilfe

☺ das kann ich gut genug 😐 das ist mir nicht wichtig

☆ das möchte ich lernen / besser können

Kochen und Essen	
1. Ich plane gesunde, ausgewogene Mahlzeiten	① ② ③ ☺ 😐 ☆
2. Ich bereite kleine Mahlzeiten zu (ohne kochen)	① ② ③ ☺ 😐 ☆
3. Ich koche ganze Mahlzeiten	① ② ③ ☺ 😐 ☆
4. Ich bereite Essen für mehrere Menschen vor, zum Beispiel Gäste, Freunde)	① ② ③ ☺ 😐 ☆
5. Ich benutze Küchengeräte, Küchenmaschinen	① ② ③ ☺ 😐 ☆
6. Ich räume nach dem Kochen oder Essen auf	① ② ③ ☺ 😐 ☆
7 Ich bringe Lebensmittel in den Kühlschrank zurück, schmeiße schlechte Lebensmittel weg	① ② ③ ☺ 😐 ☆
8. Ich habe gute Tischsitten	① ② ③ ☺ 😐 ☆
9. Ich bestelle von einer Speisekarte	① ② ③ ☺ 😐 ☆
10. Ich wähle ein Restaurant aus und gehe dort essen	① ② ③ ☺ 😐 ☆
11. Ich packe mir Essen zum Mitnehmen ein	① ② ③ ☺ 😐 ☆
12. Ich mache einen Essensplan für die Woche	① ② ③ ☺ 😐 ☆
13. Ich mache eine Einkaufsliste	① ② ③ ☺ 😐 ☆
14. Ich gehe selber Lebensmittel einkaufen	① ② ③ ☺ 😐 ☆
15. Ich benutze eine Mikrowelle, Herd, Ofen	① ② ③ ☺ 😐 ☆
16. Ich koche etwas aus dem Kochbuch	① ② ③ ☺ 😐 ☆
17. Ich koche Mahlzeiten ohne sie zu verbrennen	① ② ③ ☺ 😐 ☆

Gesundheit	
1. Ich weiß, wenn ich krank bin	① ② ③ ☺ 😐 ☆
2. Ich verabrede meine Arzttermine	① ② ③ ☺ 😐 ☆
3. Ich nehme Medizin nach Vorschrift	① ② ③ ☺ 😐 ☆
4. Ich erinnere mich an meine Arzttermine	① ② ③ ☺ 😐 ☆
5. Ich erzähle anderen, wenn ich krank bin	① ② ③ ☺ 😐 ☆
6. Ich bleibe Zuhause, wenn ich krank bin	① ② ③ ☺ 😐 ☆
7. Ich melde mich krank beim Arbeitgeber, Schule	① ② ③ ☺ 😐 ☆
8. Ich sage anderen, wie ich mich fühle	① ② ③ ☺ 😐 ☆
9. Ich bemerke trockene Haut, Verletzungen, Unwohlsein	① ② ③ ☺ 😐 ☆
10. Ich weiß, wie viel ich wiege	① ② ③ ☺ 😐 ☆
11. Ich achte auf mein Gewicht	① ② ③ ☺ 😐 ☆
12. Ich achte auf gesundes Essen und Bewegung	① ② ③ ☺ 😐 ☆

Meine Fähigkeitenliste (33)
Ich kann dies ...

① mit viel Hilfe ② mit etwas Hilfe ③ ohne Hilfe

☺ das kann ich gut genug 😐 das ist mir nicht wichtig

☆ das möchte ich lernen / besser können

Sicherheit	
1. Ich gehe vorsichtig mit heißen Dingen um	① ② ③ ☺ 😐 ☆
2. Ich bin vorsichtig mit spitzen Objekten, Glas	① ② ③ ☺ 😐 ☆
3. Ich bin vorsichtig mit Chemikalien	① ② ③ ☺ 😐 ☆
4. Ich kann zwischen sicheren und unsicheren Situationen unterscheiden	① ② ③ ☺ 😐 ☆
5. Ich kann zwischen für mich guten und schlechten Menschen unterscheiden	① ② ③ ☺ 😐 ☆
6. Ich erkenne und vermeide gefährliche Situationen und Gebiete	① ② ③ ☺ 😐 ☆
7. Ich kann den Notruf 110 betätigen und die notwendigen Informationen weitergeben	① ② ③ ☺ 😐 ☆
8. Ich habe einen Erste Hilfe Kurs besucht	① ② ③ ☺ 😐 ☆
9. Ich weiß wie man Wunden, Schnitte verarztet	① ② ③ ☺ 😐 ☆
10. Ich weiß, wie man ein Feuer löscht	① ② ③ ☺ 😐 ☆
11. Ich weiß, wie man brennendes Fett löscht	① ② ③ ☺ 😐 ☆

Aufgaben und Arbeiten	
1. Ich erledige Aufgaben im Haushalt	① ② ③ ☺ 😐 ☆
2. Ich bleibe bei einer Aufgabe bis sie fertig ist	① ② ③ ☺ 😐 ☆
3. Ich bemühe mich und gebe nicht auf	① ② ③ ☺ 😐 ☆
4. Ich fange Aufgaben von alleine an	① ② ③ ☺ 😐 ☆
5. Ich erkenne Fehler	① ② ③ ☺ 😐 ☆
6. Ich kann einem Aufgabenplan, Zeitplan folgen	① ② ③ ☺ 😐 ☆
7. Ich berichtige meine Fehler oder frage nach Hilfe	① ② ③ ☺ 😐 ☆
8. Ich arbeite schnell	① ② ③ ☺ 😐 ☆
9. Ich kümmere mich um einen Job	① ② ③ ☺ 😐 ☆
10. Ich schreibe Bewerbungen	① ② ③ ☺ 😐 ☆
11. Ich habe Bewerbungsgespräche	① ② ③ ☺ 😐 ☆

Meine Fähigkeitenliste (33)
Ich kann dies ...

① mit viel Hilfe ② mit etwas Hilfe ③ ohne Hilfe
☺ das kann ich gut genug 😐 das ist mir nicht wichtig
☆ das möchte ich lernen / besser können

Kontakte mit Anderen	
1. Ich fühle mich als Erwachsener, Mann / Frau	① ② ③ ☺ 😐 ☆
2. Ich grüße andere Menschen, ich bin freundlich und höflich	① ② ③ ☺ 😐 ☆
3. Ich biete anderen Menschen Hilfe an	① ② ③ ☺ 😐 ☆
4. Ich berücksichtige Vorschläge oder hilfreiche Kritik	① ② ③ ☺ 😐 ☆
5. Ich bin ehrlich, man kann mir vertrauen	① ② ③ ☺ 😐 ☆
6. Ich höre anderen zu, ohne sie zu unterbrechen	① ② ③ ☺ 😐 ☆
7. Ich bin an anderen Menschen interessiert, ich möchte sie kennen lernen	① ② ③ ☺ 😐 ☆
8. Ich achte fremdes Eigentum	① ② ③ ☺ 😐 ☆
9. Ich halte Verabredungen ein	① ② ③ ☺ 😐 ☆
10. Ich sage den anderen Bescheid, wo ich bin	① ② ③ ☺ 😐 ☆
11. Es ist unkompliziert mit mir zusammen zu sein	① ② ③ ☺ 😐 ☆
12. Ich habe eine optimistische Einstellung	① ② ③ ☺ 😐 ☆
13. Ich drücke mich klar und verständlich aus	① ② ③ ☺ 😐 ☆
14. Ich bin gewillt, neue Dinge zu lernen	① ② ③ ☺ 😐 ☆
15. Ich denke an Geburtstage, Feiertage von anderen Menschen	① ② ③ ☺ 😐 ☆
16. Ich bleibe mit anderen Menschen im Kontakt per Telefon, Briefen	① ② ③ ☺ 😐 ☆
Vorbereitung für den Tag	
1. Ich benutze einen Wecker	① ② ③ ☺ 😐 ☆
2. Ich benutze einen Kalender	① ② ③ ☺ 😐 ☆
3. Ich plane meinen Tag	① ② ③ ☺ 😐 ☆
4. Ich denke an Dinge, die ich während des Tages brauche	① ② ③ ☺ 😐 ☆
5. Ich plane meine Zeit, so dass ich tun kann was ich mir vorgenommen habe	① ② ③ ☺ 😐 ☆
6. Ich kann sagen, was von meinen Vorhaben besonders wichtig ist	① ② ③ ☺ 😐 ☆

Meine Fähigkeitenliste (33)
Ich kann dies ...

① mit viel Hilfe ② mit etwas Hilfe ③ ohne Hilfe
☺ das kann ich gut genug 😐 das ist mir nicht wichtig
☆ das möchte ich lernen / besser können

Selbstorganisation	
1. Ich treffe gute Entscheidungen	① ② ③ ☺ 😐 ☆
2. Ich verstehe die Folgen meiner Entscheidungen	① ② ③ ☺ 😐 ☆
3. Ich trage Verantwortung	① ② ③ ☺ 😐 ☆
4. Ich achte auf die Dinge, die mir gehören	① ② ③ ☺ 😐 ☆
5. Ich achte das Eigentum anderer Leute	① ② ③ ☺ 😐 ☆
6. Ich kann um Hilfe, den Weg fragen, wenn ich es brauche	① ② ③ ☺ 😐 ☆
7. Ich habe meinen Personalausweis bei mir	① ② ③ ☺ 😐 ☆
8. Ich kann mich selbst kontrollieren	① ② ③ ☺ 😐 ☆
9. Ich kann mit anderen gut zusammenarbeiten	① ② ③ ☺ 😐 ☆
10. Ich kann auch Anweisungen von Vorgesetzten folgen	① ② ③ ☺ 😐 ☆
11. Ich gebe mein Bestes	① ② ③ ☺ 😐 ☆
12. Ich kann mich wieder auf meine Aufgabe besinnen, nachdem ich gestört wurde	① ② ③ ☺ 😐 ☆
13. Ich kann mich auf neue Situationen einstellen	① ② ③ ☺ 😐 ☆
14. Ich kann mir Anweisungen merken	① ② ③ ☺ 😐 ☆
15. Ich kenne meine Stärken und Fähigkeiten	① ② ③ ☺ 😐 ☆
16. Ich kenne meine Schwächen	① ② ③ ☺ 😐 ☆
17. Ich verlasse meine Wohnung pünktlich, um zur Arbeit, Schule, zu Verabredungen zu kommen oder rufe an	① ② ③ ☺ 😐 ☆
18. Ich komme pünktlich zur Arbeit oder Verabredungen	① ② ③ ☺ 😐 ☆

Meine Fähigkeitenliste (33)
Ich kann dies ...

① mit viel Hilfe ② mit etwas Hilfe ③ ohne Hilfe

☺ das kann ich gut genug 😐 das ist mir nicht wichtig

☆ das möchte ich lernen / besser können

Umgang mit Geld und Behörden	
1. Ich überlege mir, wie viel Geld ich am Tag brauche	① ② ③ ☺ 😐 ☆
2. Ich nehme mir das Geld mit, das ich am Tag brauche	① ② ③ ☺ 😐 ☆
3. Ich benutze ein eigenes Sparbuch	① ② ③ ☺ 😐 ☆
4. Ich habe ein eigenes Girokonto	① ② ③ ☺ 😐 ☆
5. Ich mache Überweisungen und hebe Geld ab	① ② ③ ☺ 😐 ☆
6. Ich habe eine Bankkarte	① ② ③ ☺ 😐 ☆
7. Ich sorge dafür, dass mein Konto nicht überzogen ist	① ② ③ ☺ 😐 ☆
8. Ich mache mir einen Plan mit meinen monatlichen Ausgaben und Einnahmen	① ② ③ ☺ 😐 ☆
9. Ich kaufe kleine Dinge selber ein	① ② ③ ☺ 😐 ☆
10. Ich kaufe große Dinge selber ein (Möbel, technische Geräte)	① ② ③ ☺ 😐 ☆
11. Ich vergleiche Preise, wo etwas günstig ist	① ② ③ ☺ 😐 ☆
12. Ich vermeide unüberlegte, schnelle Einkäufe	① ② ③ ☺ 😐 ☆
13. Ich sammle Quittungen und schreibe auf, was ich ausgebe	① ② ③ ☺ 😐 ☆
14. Ich zahle meine Rechnungen	① ② ③ ☺ 😐 ☆
15. Ich gebe nicht mehr aus, als ich habe	① ② ③ ☺ 😐 ☆
16. Ich lege Geld für größere Anschaffungen zurück	① ② ③ ☺ 😐 ☆
17. Ich spare regelmäßig einen gewissen Betrag	① ② ③ ☺ 😐 ☆
18. Ich kenne die Vor- und Nachteile von Krediten	① ② ③ ☺ 😐 ☆
19. Ich zahle Geld pünktlich zurück, wenn ich mir etwas geliehen habe	① ② ③ ☺ 😐 ☆
20. Ich kenne den Unterschied zwischen guten und nicht so guten Angeboten	① ② ③ ☺ 😐 ☆
21. Ich erledige Behördengänge	① ② ③ ☺ 😐 ☆
22. Ich weiß über meine Krankenversicherung Bescheid	① ② ③ ☺ 😐 ☆
23. Ich weiß über meine Rentenversicherung Bescheid	① ② ③ ☺ 😐 ☆
24. Ich mache meinen Lohnsteuerausgleich	① ② ③ ☺ 😐 ☆
25. Ich kann für mich wichtige Anträge ausfüllen	① ② ③ ☺ 😐 ☆

DIESE 3 DINGE MAG UND SCHÄTZE ICH AN DIR:

1.

2.

3.

DIESE 3 DINGE MAG UND SCHÄTZE ICH AN DIR:

1.

2.

3.

DIESE 3 DINGE MAG UND SCHÄTZE ICH AN DIR:

1.

2.

3.

DIESE 3 DINGE MAG UND SCHÄTZE ICH AN DIR:

1.

2.

3.

Absender

Gestaltung: Inken Kramp

Absender

Gestaltung: Inken Kramp

Absender

Gestaltung: Inken Kramp

Absender

Gestaltung: Inken Kramp